GOTTHARD PAULUS

Die juristische Fragestellung des Naturrechts

Schriften zur Rechtstheorie

Heft 79

Die juristische Fragestellung des Naturrechts

Von

Dr. Gotthard Paulus

DUNCKER & HUMBLOT / BERLIN

Alle Rechte vorbehalten
© 1979 Duncker & Humblot, Berlin 41
Gedruckt 1979 bei Buchdruckerei Bruno Luck, Berlin 65
Printed in Germany
ISBN 3 428 04342 1

Die vorliegende Schrift wurde im Frühjahr 1949 von der Freiburger Fakultät zur Habilitation angenommen. Mein Vater hielt die Veröffentlichung zurück, weil er den Plan hatte, diese Arbeit nach seiner Emeritierung auszubauen und in einen umfassenderen Zusammenhang zu stellen. Wenige Monate vor seinem Tode übertrug er mir dieses Anliegen, zu dem ich mich jedoch weder befugt noch befähigt fühle.

Nach dem Tode meines Vaters im Februar 1977 wandte ich mich deshalb an die Professoren K. Larenz, D. Nörr und F. Wieacker, die mir zu einer unveränderten Veröffentlichung rieten. Ihnen möchte ich dafür ganz besonders danken; mein Dank gilt auch denen, von denen ich weitere wichtige Hinweise für die Bibliographie und sonstige Fragen zur Veröffentlichung erhalten habe. Besonders hervorheben will ich dabei Herrn Ministerialrat a. D. Prof. Dr. J. Broermann, dem ich zu großem Dank verpflichtet bin, da er der Aufnahme dieser Schrift in die Reihe ‚Schriften zur Rechtstheorie' zugestimmt hat.

München, im September 1978 *Christoph Paulus*

Vorwort

Die unveränderte Herausgabe eines Manuskriptes, dessen Entstehung mehr als 30 Jahre zurückliegt, bedarf gewiß einer Rechtfertigung. Wir haben dem Sohne des Verstorbenen, der sich deshalb um Rat an uns wandte, die Veröffentlichung angeraten, weil wir der Überzeugung sind, daß das Anliegen, das Gotthard Paulus hier vertritt, nicht überholt ist. Über das Naturrecht und seine Geschichte ist zwar auch in den letzten 30 Jahren viel geschrieben worden; dabei geht es aber fast stets um die Frage nach einem dem Menschen nicht verfügbaren, aus sich selbst einleuchtendem Recht — um die rechtsphilosophische Frage. Paulus geht es um die „juristische Fragestellung des Naturrechts", damit um seine noch gegenwärtige Bedeutung für die Jurisprudenz. Diese habe es, so meint er, versäumt, die in den Naturrechtslehren vornehmlich des 17. und 18. Jahrhunderts enthaltenen Erkenntnisse der Rechtswirklichkeit aufzuarbeiten und sie für unsere Zeit fruchtbar zu machen. An diesem Befund hat sich bis heute nichts geändert. Deshalb verdienen seine in einer von der heutigen recht verschiedenen Situation entstandenen Ausführungen unserer Meinung nach auch heute noch Aufmerksamkeit.

Als verantwortlich für den jähen Abbruch der Tradition des (neuzeitlichen) Naturrechts in der Jurisprudenz sieht Paulus die Philosophie Kants an. Als die Historische Rechtsschule in Deutschland ihren Siegeszug antrat, fand sie einen Gegner vor, der „bereits vorher in einer sehr viel gründlicheren Weise, als sie es vermocht hätte, zur Strecke gebracht worden war". Daran änderte auch der Einfluß der Hegelschen Philosophie — ihre Kritik des Kantischen „Formalismus" und ihre erneute Hinwendung zur Realität des sittlichen Lebens — nicht viel. In das juristische Erbe der Naturrechtslehre teilten sich eine sich der Wirklichkeit mehr und mehr entfremdende, rein begrifflich vorgehende Jurisprudenz und eine rein empirisch vorgehende, die normative Seite aber vernachlässigende Soziologie. Demgegenüber war es nach Paulus die große Leistung der Naturrechtslehre der Neuzeit, beide Aspekte vereint zur Geltung gebracht zu haben, indem sie bemüht war, ohne Preisgabe der Rechtsidee die der sozialen Wirklichkeit innewohnenden rechtlichen Strukturen als solche sichtbar zu machen. In dieser Sicht gewinnt die Naturrechtslehre für Paulus für die Jurisprudenz der Gegenwart einen beispielhaften Charakter. Sie sollte, das ist die Quintessenz dieser Schrift, die Beschäftigung mit der Naturrechtslehre nicht länger allein den Rechtsphilosophen überlassen, sondern sich ihrerseits der von ihr gestellten Fragen annehmen. Dieses Anliegen von Paulus ist heute genau so aktuell wie vor 30 Jahren. Eine Bestätigung dafür findet sich in der „Vorbemerkung" zu einer 1976 erschienenen Schrift von J. Hruschka[1], in der es heißt: „Auch die alte, insbesondere die rationalistische Naturrechtslehre enthält einen ungehobenen Schatz von Analysen, dessen wir uns nur zu bedienen brauchen. Furcht vor einem ‚Naturrecht' brauchen Juristen dabei nicht zu haben, wenn sie aus diesen Quellen schöpfen wollen."

Ist aber die Veröffentlichung der Schrift auch heute noch gerechtfertigt, so verbieten sich irgendwelche Änderungen oder Zusätze von selbst. Hierzu hat niemand die Kompetenz; der Schrift würde durch solche Zusätze ihre persönliche Eigenart verloren gehen. In ihrem unverkennbaren Schwung, dem lebhaften Duktus der Gedankenführung und ihren oft sehr dezidierten Stellungnahmen trägt sie die Kennzeichen einer viel versprechenden Jugendschrift. Möglich, daß der Verfasser selbst eine Überarbeitung geplant hat, zu der er dann nicht mehr gekommen ist. Möchte also der heutige Leser vielleicht auch dieses oder jenes gern noch etwas näher ausgeführt sehen — so wie sie nun einmal ist, spricht die Schrift für sich selbst.

München und Göttingen, im September 1978

Karl Larenz   Franz Wieacker

---

[1] *J. Hruschka*, Strukturen der Zurechnung, 1976, vor S. 1.

Inhaltsverzeichnis

I. Die Trennung von metaphysischer Rechtslehre und moralischer Anthropologie in der Rechtsphilosophie von Kant 11

II. Die Kritik Hegels an der formalen Naturrechtskonzeption der kritischen Philosophie 14

III. Die ideengeschichtlichen Folgen der philosophischen Kritik 16

(1) Zerstörung der alten Naturrechtslehre und ihres totalen Bezugs zur Wirklichkeit 16

(2) Die positive Rechtslehre (Gesetzeswissenschaft) 17

(3) Die Ablösung der Naturrechtslehre durch die Rechtsphilosophie 18

(4) Die Entstehung einer entwicklungsgesetzlichen Gesellschaftswissenschaft (Soziologie) 19

IV. Die Folgen der neuen geisteswissenschaftlichen Konstellation für die Stellungnahme zum Naturrecht 24

(1) Der Aspekt der Soziologie — Ausdruck und Stil 24

(2) Die Kompetenz der Rechtsphilosophie — die metaphysische Axiomatik 25

(3) Die positive Rechtslehre — kein Zugang zum Naturrecht 25

V. Die Naturrechtsjurisprudenz als Objektivation der Rechtsidee 26

(1) Hegels Urteil über das empirische Naturrecht 26

(2) Das Naturrecht im Blickfeld der Rechtswissenschaft 28

VI. Die Korrektur einer rechtsgeschichtlichen Fehlkonstellation durch das Naturrecht 29

(1) Jurisprudenz als Praxis und Wissenschaft 29

(2) Die durch die Rezeption des römischen Rechts ausgelöste theoretische Wendung 29

(3) Versuch einer Grenzbereinigung: Über das Verhältnis von positiver Gesetzeslehre (Technik des positiven Rechts) und Rechtswissenschaft 30

(4) Das Naturrecht als zeitgeschichtlich bedingte Erscheinungsform der Rechtswissenschaft 32

(5) Über das Verhältnis zwischen Sozialbewußtsein und universaler Ausdrucksform des Naturrechts 33

VII. Das spezifische Merkmal des neueren Naturrechts 35
  (1) Es liegt nicht im Bereich seiner metaphysischen Axiomatik 35
  (2) Es ist nicht aus einem Zeitstil ableitbar 37
  (3) Es beruht auf der Jurifizierung des Naturrechts 38

VIII. Das rechtswissenschaftliche Grundproblem des Naturrechts 38
  (1) Die Erschließung der rechtswissenschaftlichen Aufgabe aus der sozialen Wirklichkeit 38
  (2) Die Umsetzung von empirischer Anschauung in normative Bestimmung (von Sein in Sollen) als Strukturmerkmal juristischen Denkens 40

IX. Kulturmorphologische Deutung des Naturrechts 41
  (1) Das Naturrecht als Ausdruck metaphysisch gesicherter, rationaler Weltgesinnung 41
  (2) Der Ausdrucksgehalt der drei Lösungsversuche des Naturrechts (Grotius, Pufendorf, Chr. Wolff) 42
  (3) Die Bedeutung der naturrechtlichen Lösungsversuche für die juristische Methodenlehre 43

Schrifttumsverzeichnis 45

Nachtrag zum Schrifttumsverzeichnis 49

I. Die Trennung von metaphysischer Rechtslehre und moralischer Anthropologie in der Rechtsphilosophie von Kant

Kaum weniger aufschlußreich als die geschichtliche Gegebenheit selbst ist die Geschichte ihrer Resonanz im Urteil Späterer. Schon mit den methodischen Gesichtspunkten, unter denen der Historiker sein Material erfaßt und verarbeitet, bietet er ein Zeugnis für die Art und den Grad der geistigen Erfahrungsgehalte seiner eigenen Zeit dar. Noch deutlicher offenbart sich die Bewußtseinslage, die sein Urteil mitbestimmt, wenn er durch das Bild des geschichtlichen Ereignisses, wie es sich ihm aus der Gruppierung seines Stoffs ergeben hat, hindurchdringt, sich also nicht mit der bloßen Sammlung und Verknüpfung belegter Resultate begnügt, sondern sie noch einmal in den lebendigen Prozeß der Geschichte hineindenkt und aus den Komponenten ihres Werdens zu deuten sucht. Besonders kennzeichnend ist diese Abhängigkeit und Bindung des Urteils für solche Fragestellungen, bei denen es sich um die zeitgeschichtliche Ausprägung eines an sich zeitlosen Prinzips handelt.

In dieser Lage befindet sich die ideengeschichtliche Forschung. Die Art, wie ihre eigene Zeit das Problem, um das es sich handelt, jeweils gelöst hat, beeinflußt sie zwangsläufig, wenn sie ihm in einer früheren Ausformung begegnet. Daß diese Bedingtheit des historischen Urteils diesem selbst wieder den Reiz und Wert einer Dokumentation des eigenen Zeitgeschmacks verschaffen kann, bezeugen die Auffassungen, die seit den Tagen der kritischen Philosophie des deutschen Idealismus über die Naturrechtsepoche geäußert wurden, in eindrucksvoller Weise. Ob den Naturrechtlern der Mangel eines Bewußtseins für die geschichtliche Bedingtheit des Rechts und die organische Form seiner Entstehung vorgeworfen wurde, ob eine von dieser Stellungnahme auffällig abweichende Kritik sich auf die Allmacht des positiven Gesetzgebers berief und die These eines absolut verbindlichen und konkretisierbaren Rechts am Beispiel moderner Gesetzesproduktion ad absurdum führte, — ob ferner Darstellung und Gehalt der Naturrechtskonzeptionen aus dem Stilgesetz ihrer Zeit ideengeschichtlich interpretiert und nach Maßgabe der stofflichen Herkunft dogmengeschichtlich analysiert wurden, — ob schließlich ihre großen Formeln bald als die Fanfaren im Aufbruch der modernen gesellschaftlich-politischen Bewegung gepriesen, bald als Marksteine im Prozeß individualistischer Dekomposition verdammt wurden — stets waren Kritik und stofflicher Ansatz, Wertung und Darstellung an ihren eigenen geschichtlichen Standort gebunden, und eine hierauf bedachte Untersuchung könnte anhand der Folge der Stellungnahmen gegen und über das Naturrecht die gesamte Entwicklung des Rechts- und Staatsbewußtseins bis in unsere Tage treffend darstellen.

Im übrigen wird der Gesamtcharakter der mit der historischen Rechtsschule anhebenden Ära fast noch deutlicher als durch den sachlichen Gehalt von Urteilen, Feststellungen und Wertungen durch die für die Auseinandersetzung mit dem Naturrecht allen Beteiligten unauffällig-unabdingbar aufgenötigte Kompetenzverteilung[1] gekennzeichnet. Bis zu der Zäsur, die die geistesgeschichtliche Entwicklung durch die kritische Philosophie erfuhr, verstand es sich von selbst, daß die Diskussion über ihren bisherigen Befund ein eigenes Anliegen der Naturrechtswissenschaft war, daß es sich dabei also um eine *interne* Kritik mit umfassender und unteilbarer Zuständigkeit handelte. Diese Lage, die bei aller Problematisierung der Grundfragen doch ein naives Einverständnis der Wissenschaft mit ihrem Thema als solchem voraussetzte, änderte sich vollständig, als *Kant* die heterogenen Elemente im Plan der bisherigen Naturrechtslehre enthüllte und damit ihr bisher geschlossenes Gefüge auseinanderriß[2]. Er selbst war sich freilich der revolutionären Sprengwirkung seiner Kritik nicht bewußt, wenn er der metaphysischen Rechtslehre nur die „Freiheit der Willkür" zum Objekt zuwies und aus ihr die von ihm sogenannte moralische Anthropologie ausgrenzte. Denn unbeschadet des prinzipiellen erkenntnistheoretischen Unterschieds zwischen einem System aus „bloßen" apriorischen Begriffen[3] und den Gegenständen der Erfahrung, die sich hier in der besonderen Natur des Menschen, „den subjektiven, hindernden sowohl als begünstigenden, Bedingungen der *Ausführung* der Gesetze" darbieten, setzte sich in Kant der Aufklärer gegen den Kritiker durch, wenn er an die Möglichkeit einer praktischen Morallehre glaubte.

Vgl. zu dem Ganzen Abschn. II der Einleitung in die Metaphysik der Sitten. Die noch durchaus einem aufklärerisch-idealistischen Optimismus verpflichtete Gesinnung, die ihm die Konsequenz seiner kritischen Einsichten verbarg, verschafft gelegentlich der sonst so nüchternen Sprache einen bewegteren Ausdruck: „Fürwahr eine göttliche Kunst, wenn wir imstande wären, das, was uns die Vernunft vorschreibt, vermittelst ihrer auch völlig auszuführen und die Idee davon ins Werk zu richten[4]."

[1] s. dazu Abschnitt III.
[2] Wie stark die Reaktion auf seine Rechtslehre sofort war, bezeugt ein Brief des Professors *Matern Reuß* aus Würzburg v. 21. 4. 1797 an *Kant:* „Nun können unsere Lehrer des Naturrechts und der Moraltheologie, die sich immer noch in etwas spreizten, bei ihren Zuhörern, die alle Kantisch gesinnt sind, nicht mehr bestehen." (Zit. bei: *Immanuel Kant*, Metaphysik der Sitten, 4. Aufl., Verlag Felix Meiner, S. XV der Einleitung von *Vogtländer*.)
[3] Vgl. dazu etwa den Abschnitt Einteilung der Rechtslehre B. 1: „... das Naturrecht, das auf lauter Prinzipien a priori beruht...".

Denn „ohne daß dadurch der Reinigkeit der allgemeinen moralischen Prinzipien etwas benommen noch ihr Ursprung a priori zweifelhaft gemacht wird", muß es — wie in einer Metaphysik der Natur — zulässig sein, die Gegenstände der Erfahrung auf sie anzuwenden. Zwar kann „eine Metaphysik der Sitten nicht auf Anthropologie gegründet, aber doch auf sie angewandt werden". So hätte Kant vor dem Einwand, daß allein schon (wenn auch bei weitem nicht nur) die Dürftigkeit und Leere der „empirischen" Ausfüllung seines Systems einen Verdacht gegen die von ihm behauptete Beziehung zwischen den apriorischen Begriffen und der realen menschlichen Natur begründen könne, noch mit dem Hinweis ausweichen können, daß es ihm dabei nur darauf angekommen sei, *beispielhafte* Folgerungen aus den Begriffen der praktischen Metaphysik zu ziehen.

Auf diese Weise charakterisiert Kant selbst in dem soeben genannten Abschnitt die materielle Ausfüllung der Rechtsidee in seiner Rechtslehre. Dadurch wird die von ihm im Prinzip mit äußerster Schärfe vollzogene Trennung verschleiert, und dies mag der Grund dafür sein, daß sie in der seitherigen Diskussion über Kant neben der in ihrer praktisch-*juristischen* Konsequenz viel belangloseren Scheidung von Legalität und Moralität kaum in Erscheinung trat[5]. Angesichts der für Kant völlig parallelen Problemlage wird von hier aus die grundsätzliche Bedeutung, die er der reinlichen Aussonderung der metaphysischen Rechtslehre beimaß, noch deutlicher; so liest man etwa in der Grundlegung zur Metaphysik der Sitten[6]: „Man kann wenn man will (sowie die reine Mathematik von der angewandten, die reine Logik von der angewandten unterschieden wird, also) die reine Philosophie der Sitten (Metaphysik) von der angewandten (nämlich auf die menschliche Natur) unterscheiden. Durch diese Benennung wird man auch sofort erinnert, daß die sittlichen Prinzipien nicht auf die Eigenheiten der menschlichen Natur gegründet, sondern für sich a priori bestehend sein müssen, aus solchen aber, wie für jede vernünftige Natur, also auch für die menschliche praktische Regeln müssen abgeleitet werden können."

Aber schon *Jakob Friedrich Fries*[7], dem in der Unterordnung der „Natur" unter die reine Idee des Rechtsgesetzes als eines „leeren und

---
[4] Auch für die hier vorliegende Problemlage gilt die insbesondere von *Kuno Fischer*, Immanuel Kant und seine Lehre, 6. Aufl. 1928, herausgearbeitete Ansicht (vgl. z. B. I. Teil, S. 15 ff.), daß ihre kritische Behandlung ohne die Vorarbeit der empiristischen und rationalistischen Aufklärungsphilosophie nicht möglich gewesen wäre.

[5] Vgl. dazu etwa *Holstein / Larenz*, Staatsphilosophie, 1933, S. 96 ff., wo aus einer auf *Hegel* zurückführenden Sicht zwar die Scheidung zwischen Idee und Wirklichkeit kritisiert, ihr Problem aber nur in dem Kuckucksei der Kantschen Pflichtenlehre, der Frage nämlich, inwiefern ideales Sollen der Bestimmungsgrund praktischen Handelns sein könne, erfaßt wird. Bezüglich der Trennung zwischen reinem Vernunftbegriff und empirischer Anwendung desselben im Bereich der Tugendlehre war die literarische Resonanz um so stärker.

[6] Bei Meiner, 3. Aufl., Anm. auf S. 31.

[7] Philosophische Rechtslehre und Kritik aller positiven Gesetzgebung mit Beleuchtung der gewöhnlichen Fehler in der Bearbeitung des Naturrechts,

gehaltlosen Vernunftschlusses" nur noch Subsumtionsformeln von unverbindlicher Allgemeinheit gelangen[8], hätte den Einwand nicht mehr als solchen gelten lassen, da ihn nur noch das rein philosophische Anliegen beschäftigte, die Kriterien zu bestimmen, „nach denen sich die innere Konsequenz einer positiven Gesetzgebung und ihre Annäherung an die reine Idee des Rechts feststellen läßt"[9].

II. Die Kritik Hegels an der formalen Naturrechtskonzeption der kritischen Philosophie

Daß mit der idealistisch-formalen Konzeption, auf der die Rechtsmetaphysik von Kant beruhte[1], nicht nur frühere Behandlungsarten,

---

Jena, 1803. Über das Verhältnis von *Fries*, über den bei jeder Gelegenheit *Hegel* seinen ganzen Zorn ausschüttete, zu *Kant* vgl. *Windelband*, Lehrb. d. Gesch. d. Philosophie, 14. Aufl., S. 484.

[8] So das Recht der Sprache, das die tätige Gemeinschaft unter die Bedingung des Vertrags bringt, S. 43 ff.; oder das Eigentumsrecht, das für die vernünftige Wechselwirkung in der Gemeinschaft anstelle des bloß physischen Besitzes einen intelligiblen setzt, S. 50; oder die „Notwendigkeit des Rechtsgesetzes", das „objektiv äußerlich zwischen die Parteien treten und ihren Streit schlichten soll", das also gebieten muß, „was Recht sey, in Rücksicht eines Rechtsstreits zwischen Parteien ...", S. 53 ff.

[9] S. X der Einleitung.

[1] Bezüglich der Naturrechtslehre *Fichtes* (Grundlage des Naturrechts nach Principien der Wissenschaftslehre, Jena u. Leipzig, 1796), die auf seinem Begriff der Ichheit beruht und die als ethisches System an der nur durch äußeren Zwang korrigierbaren absoluten Freiheit oder Selbsttätigkeit des Ich scheitert, bedarf es hier, wo es nur auf die rechtsgeschichtlichen Konsequenzen ankommt, keiner näheren Erörterung, da sie insoweit ohne nachhaltige Wirkung blieb. Hätte sie sich durchgesetzt, so wäre der Fortbestand des Naturrechts zwar formell gesichert gewesen, in der Sache selbst wäre sie jedoch zum Vorspann des juristischen Positivismus geworden — nicht so sehr, weil sie das Recht seiner Form nach nur als positives zuließ, sondern weil sie auch seine inhaltliche Rechtfertigung (seinen Charakter als Vernunftrecht) aus der Zustimmung des Einzelnen zum positiven Gesetz, das damit zur Resultante der allgemeinen Willkür wird, ableitete. Vgl. hierzu die Kritik von *Hegel* in dem in der nächsten Anmerkung angeführten Aufsatz, S. 359 ff. Die beiden Punkte, die für die juristischen Folgen einer nach *Fichtes* System ausgeführten Rechtslehre entscheidend wären — das Volk (die volonté générale) als Souverän und die ganz radikal aufgefaßte Positivität des Rechtsbegriffs — werden, auch in ihrer wechselseitigen Beziehung, etwa durch folgende Stellen aus der „Grundlage des Naturrechts" illustriert:
S. 222: „Aber — welches wohl zu merken ist — das Volk ist nie Rebell, und der Ausdruck Rebellion, von ihm gebraucht, ist die höchste Ungereimtheit; denn das Volk ist in der That, und nach dem Recht, die höchste Gewalt, über welche keine geht, die die Quelle aller andern Gewalt, und die Gott allein verantwortlich ist ... aber was auf Erden ist höher, denn das Volk!"
S. 224: „Steht das Volk nicht auf, so beweist dies, daß entweder die Bedrückung und öffentliche Unsicherheit noch nicht merklich genug geworden, oder daß wirklich keine sey; oder: daß das Volk zum Wollen der Freiheit, und zur Einsicht in seine Rechte noch nicht erwacht sey, daß es dem großen Rechtshandel, dessen Entscheidung ihm angetragen wird, noch nicht gewachsen sey, daß es also nicht hätte aufgerufen werden sollen. Die Aufforderer des Volkes werden, nach völlig gültigem äußeren Rechte, als Rebellen be-

II. Die Kritik Hegels an der formalen Naturrechtskonzeption

sondern jede Art einer die soziale Empirie umfassenden und sie konkret-normativ regulierenden Naturrechtslehre unvereinbar seien, daß also in der Konsequenz des Kantschen Systems das Naturrecht sich in seiner bisherigen Erscheinung selbst aufgeben müsse, um aus der eigenen Asche in zwar reinerer, dafür aber auch entstofflichster Form (nämlich als Rechtsphilosophie) wieder emporzusteigen, hat als erster *Hegel* erkannt und formuliert[2]. Er entlarvte den methodischen Trick, mit dessen Hilfe *Kant* die bisherige Theorie durch rein philosophische Spekulation von der inkonsequenten Vermischung apriorischer und empirischer Elemente befreite und ihr den Rang einer Rechtsmetaphysik zu verschaffen glaubte und der in Wahrheit doch nur aus willkürlicher Vermischung verschiedener Elemente zur „wesenlosen Abstraktion der Form" führte[3]. Begriffe wie Freiheit, Gleichheit, reiner Staat, psychologischer Zwang usw. können, da sie jeweils nur *eine* Seite aus der „Erscheinung" (d. h. der Rechtswirklichkeit) aufgreifen und unter Absehung von der konkreten Totalität ihrer anderen Beziehungen verallgemeinern, nur eine formelle Einheit oder ein „negativ Absolutes" ergeben[4], d. h. sie gestatten nur die Ausgrenzung von allem, was nicht Recht ist, bieten dagegen keine Handhabe, um irgendeinen Rechtssatz positiv zu bestimmen. Werden sie gleichwohl dazu gebraucht, dergestalt, daß ein „Bedingtes" (eine einzelne Rechtsfrage) aus ihnen abgeleitet und dadurch in ein Unbedingtes und Absolutes verwandelt wird, so wird auf diesem Schleichweg die in ihnen dargestellte formelle Einheit in eine materielle umgefälscht. „Die Absolutheit, die in dem Satze ist, seiner Form nach ... wird nämlich auch auf den Inhalt übertragen, der seiner Natur nach ein Bedingtes ist, und dieses nicht Absolute, Bedingte (wird) wider sein Wesen zu einem Absoluten durch jene Vermischung erhoben[5]." Indem die praktische Gesetzgebung der Vernunft in dieser „Verkehrung und Taschenspielerei" die Unverbrüchlichkeit des Axioms dem aus ihm gar nicht ableitbaren Material des Rechts mitteilt, eröffnet sie der Laune oder Absicht ein unermeßliches Feld beliebiger Naturrechts-Produktion. Denn wenn's nur darauf ankommt, irgend einen materiellen Rechtssatz durch Nachweis seiner

---

straft, ob sie wohl nach innerem Rechte, vor ihrem Gewissen, Märtyrer des Rechts seyn mögen. Sie werden ihrer Absicht nach vielleicht unschuldig, aber ihrer That nach, völlig schuldig bestraft; sie *hätten ihre Nation besser kennen sollen.* Wenn eine solche Nation zusammen gekommen wäre, so würde dadurch die Vernichtung und Aufhebung alles Rechts entstanden seyn." (Hervorhebung vom Verf.).

[2] In der 1802 abgefaßten Anhandlung „Über die wissenschaftlichen Behandlungsarten des Naturrechts, seine Stelle in der praktischen Philosophie und sein Verhältnis zu den positiven Rechtswissenschaften", abgedruckt in Bd. VII, S. 325 - 411 der von *Lasson* besorgten Gesamtausgabe, 2. Auflage.

[3] S. 341 f., 345.
[4] S. 341 ff., 344 f.
[5] S. 353.

formellen Identität mit der reinen Idee des Gesetzes zu legitimieren, so „hat die Willkür die Wahl unter entgegengesetzten Bestimmtheiten; und es wäre nur eine Ungeschicklichkeit, wenn zu irgendeiner Handlung kein solcher Grund, der nicht mehr nur die Form eines probablen Grundes, wie bei den Jesuiten, hat, sondern die Form von Recht und Pflicht erhält, aufgefunden werden könnte"[6].

III. Die ideengeschichtlichen Folgen der philosophischen Kritik

(1) Mit ihren kritischen Einsichten vollzog die Philosophie eine geistige Umwälzung, deren Tragweite auch und gerade von der Rechtswissenschaft nicht übersehen werden sollte. Das Programm, mit dem die historische Rechtsschule die Jurisprudenz in die neue Ära einführte, schlug sich mit einem Gegner, der bereits vorher in einer sehr viel gründlicheren Weise, als sie es vermocht hätte, zur Strecke gebracht worden war. Daß die Rechtswissenschaft auch späterhin das Ende des Naturrechts aus diesem Streitprogramm verstand, das zwar eine Gegenposition, aber keine Widerlegung darbot,

> Was Savigny im „Beruf unserer Zeit für Gesetzgebung und Rechtswissenschaft" speziell gegen das Naturrecht sagt, ist sehr dürftig und gerade deshalb als Zeichen für die bereits verlorene Position des Naturrechts, dessen Berechtigung noch 30 Jahre vorher kein Jurist mit solchen Trivialitäten hätte bestreiten dürfen, sehr bezeichnend: Der geschichtliche Sinn, der in mannigfacher Variation (vgl. insbes. S. 8, 11 f., 112) als das einzige Spürmittel der Rechtsforschung empfohlen wird und der zwar über die kräftigsten Diskrepanzen in der Entwicklung des positiven Rechts organisch hinweghilft, dem es aber nicht einfällt, hinter dem zwei „an großen Juristen sehr arme" und durch „flaches Bestreben in der Philosophie" gekennzeichnete Jahrhunderte beherrschenden Naturrecht eine geschichtliche Nötigung zu vermuten, dieser geschichtliche Sinn ist „der einzige Schutz gegen eine Art von Selbsttäuschung, die sich in einzelnen Menschen, wie in ganzen Völkern und Zeitaltern, immer wiederholt, indem wir nämlich dasjenige, was uns eigen ist, für allgemein menschlich halten. So hatte man ehemals aus den Institutionen mit Weglassung einiger hervorstechender Eigenthümlichkeiten ein Naturrecht gemacht, was man für unmittelbaren Ausspruch der Vernunft hielt: Jetzt ist niemand, der nicht über dieses Verfahren Mitleid empfände, aber wir sehen noch täglich Leute, die ihre juristischen Begriffe und Meynungen blos deshalb für rein vernünftig halten, weil sie deren Abstammung nicht kennen ... dagegen schützt nur der geschichtliche Sinn, welchen gegen uns selbst zu kehren gerade die schwerste Anwendung ist". (S. 115);

---

[6] S. 353 f.; vgl. auch S. 403: „In der reinen Vernunft des formellen Denkens muß durchaus jede Mehrheit und Unterscheidbarkeit wegfallen, und es ist gar nicht abzusehen, wie es auch nur zu der dürftigsten Mehrheit von Rubriken und Kapiteln kommen sollte; so wie diejenigen, welche das Wesen eines Organismus als die Abstraktion einer Lebenskraft begreifen, eigentlich die Glieder und das Gehirn und das Herz und alle Eingeweide als etwas Besonderes, Zufälliges und Positives begreifen und weglassen müssen."

III. Die ideengeschichtlichen Folgen der philosophischen Kritik

daß die Rechtswissenschaft also das die Sache viel genauer treffende Problem, ob und in welchen Grenzen sich irgendeine Rechtslehre dem kritischen Urteil der Philosophie zu fügen habe, gar nicht sah, war bereits eine Folge der ihr durch ihre Vereinzelung zur „positiven Wissenschaft" auferlegten Beschränkung ihres Kompetenzbereichs[1]. Denn dies war das Ergebnis der von ihren Urhebern mit Recht so verstanden *philosophischen* Revolution[2]: Eine Lehre, die sich weit über den Kreis aller menschlichen Dinge wölbte, die in der entschiedensten Form, die der menschlichen Aussage zugänglich ist, nämlich der des Rechtsgesetzes, die sittliche und soziale Realität des Menschen total, also in der Fülle aller ihrer Bezüge, in sich aufzunehmen gesucht hatte[3], war zerbrochen. Ihr Stoffbereich, in dem sie die Tatsache, daß es nur eine unteilbare Wirklichkeit gibt, theoretisch verarbeitet hatte, löste sich auf und geriet unter die getrennten Zuständigkeiten voneinander isolierter Einzelwissenschaften.

(2) Unter diesen Einzelwissenschaften wurde die Rechtswissenschaft, die durch das Naturrecht nach Überwindung des theologischen Führungsanspruchs als Jurisprudentia Universalis die weiten Räume der „moralischen" Welt beherrscht hatte, der stärksten Beschränkung unterworfen — nämlich nicht nur, wie auch die anderen Disziplinen, durch Einengung des Stoffgebiets, sondern vor allem auch dadurch, daß ihr Gegenstand aus der sozialen Wirklichkeit herausgefiltert wurde und sich ihr nur mehr in einer starren Reproduktion, dem Schema positiver

---

[1] *Landsberg*, Geschichte der Deutschen Rechtswissenschaft, 3. Abt., 1. Halbbd., macht eine Ausnahme: „War das Naturrecht mit Grotius in die Rechtswissenschaft hinausgetreten, ... so scheidet mit Kant das Naturrecht aus der Rechtswissenschaft wieder aus, um sich auf die philosophische Betrachtung des Rechts zu beschränken." (S. 510)
Die Gründe dafür werden freilich infolge unsicherer Vermischung von philosophischen und juristischen Konsequenzen in der formalen Auffassung des allgemeinen Rechtsprinzips mehr vermutet, als nachgewiesen. Bezüglich der einzelnen Rechtssätze wird behauptet, daß sie bei *Kant* wie bei *Wolff* aus den Grundbegriffen deduziert seien, das andere Mal wird richtig — aber ohne sachliche Beanstandung — festgestellt, daß es sich nur um empirische Anwendung des Prinzips handle. Der gerade in der speziell juristischen (rechtsmethodischen) Fragestellung höchst bedeutsame Unterschied zwischen begriffsrealistischer Deduktion der Rechtssätze im Stil *Christian Wolffs* und ihrer Erschließung durch Subsumtion unter einen alle in gleicher Dimension überragenden Rechtsbegriff wird also nicht gesehen.
Otto Gierkes Breslauer Rektoratsrede, Naturrecht und Deutsches Recht, Frankfurt a. M., 1883, erklärt hingegen den Zusammenbruch des Naturrechts aus der historischen Rechtsauffassung, die „kein spekulatives System bot, sondern eine Wahrheit offenbarte, (S. 7), ohne freilich seinem für die Leistungen des Naturrechts nicht sehr aufgeschlossenen Urteil die Züge überlegener Arroganz beizumischen.

[2] Vgl. *Hegel*, S. 342.

[3] Vgl. dazu *Erik Wolf*, Große Rechtsdenker, 2. Aufl., S. 313.

2 Paulus

III. Die ideengeschichtlichen Folgen der philosophischen Kritik

Normen, darstellte[4]. Auf dieser Basis, die — in anderer als der von *Hegel* gedachten Weise — nur „*eine* Seite des Empirischen" ersichtlich machte, blieb ihr zwar die drängende Nötigung, die das gegen jede neue Erfahrung und Einsicht anfällige Naturrecht rastlos von einem Entwurf zum anderen getrieben hatte, erspart; sie erkaufte jedoch diese Ruhe mit dem Zugeständnis völliger Selbstgenügsamkeit. Wenn die Realität, auf die sich die von ihr allein beachteten Sätze des positiven Rechts bezogen, nicht mehr in den Kreis ihrer Verantwortungen gehörte, hatte sie auch keine Möglichkeit, ihr Verhältnis zu dieser Realität zu bestimmen oder revidieren. Diese Abhängigkeit und die dadurch bedingte Isolierung galt nicht nur für die Rechtslehre als Ganzes, sondern auch für ihre innere Struktur. Wo hier je ein soziales Ordnungsproblem zugrunde lag (etwa in der Zuweisung zum öffentlichen oder bürgerlichen Recht[5]), durfte sie sich mit der ihr vom Gesetzgeber abgenommenen fertigen Lösung begnügen und konnte ihre einzelnen Stoffgebiete, da die Frage ihrer wechselseitigen Integration in der sozialen Ordnung sie nicht bedrängte, wie voneinander ganz unabhängige Disziplinen sich entwickeln lassen.

(3) Schied bei solcher Beschränkung des Themas und Verkürzung des Anspruchs die positive Rechtslehre von vornherein aus der Nachfolge in das Amt des Naturrechts aus, so konnte es andererseits auch nicht von der die Naturrechtslehre unmittelbar ablösenden Rechtsphilosophie verwaltet werden. Denn da dieser sowohl die „unreine Vermischung" des Empirischen mit dem Allgemeinen wie auch seine Subsumtion unter die Idee des Gesetzes versagt war, war ihr gleichzeitig die Möglichkeit einer konkreten Ausführung und inhaltlichen Bestimmung der

---

[4] Diese Lage ergab sich sofort und war auch nicht durch die romantische Sicherung, die sich eine ausgesprochen klassizistische Wissenschaftshaltung in der Volksgeist-Theorie verschaffte, korrigierbar. Norm und Schema sind die Anknüpfungspunkte des juristischen Denkvorgangs. Auf sie bezieht sich — trotz ihrer durch die Quellenlage bedingten Einkleidung — die zweifache Forderung, die *Savigny* (S. 48) an den Juristen stellt: Er soll einen historischen Sinn haben, der ihm in formell zutreffender Weise den verbindlichen Text erschließt, und einen systematischen, „um jeden Begriff und jeden Satz in lebendiger Verbindung und Wechselwirkung mit dem Ganzen anzusehen".

[5] Ein lehrreiches Beispiel bietet die mit geringer Schwankung (vgl. RGZ 155/333) vom Reichsgericht bis zuletzt vertretene Auffassung zu § 13 GVG. Die im juristischen *Prinzip* immer klare, aber auch in der Sozialstruktur zur Entstehungszeit des Gesetzes sauber durchgeführte Trennung von öffentlichem und privatem Recht wurde durch das Aufkommen von Wirtschaftsverbänden, Kartellen und Gewerkschaften und vollends durch die staatliche Einschaltung in die Wirtschaftsordnung funktionell immer problematischer. Das Reichsgericht wich der durch die veränderte Sozialkonstellation hervorgerufenen Schwierigkeit aus, erklärte die veränderte Rechtsanschauung bezüglich früher privatrechtlich erfaßter Sachverhalte für unerheblich und sah für ihre Einordnung als Maßgeblich an, „was bei Verkündung des GVG von ordentlichen Gerichten zu entscheiden war". Vgl. etwa RGZ 92/310; 109/101; 157/246; 166/228.

III. Die ideengeschichtlichen Folgen der philosophischen Kritik

Rechtsverfassung genommen. Mußte sie sich als kritische Philosophie wie als Rechtsmetaphysik auf das Terrain beschränken, das in der Theorie des Naturrechts dessen axiomatische Grundlegung ausmachte, und erschöpfte sich andererseits der Stoffbereich der Jurisprudenz im positiven Recht, so klaffte also zunächst eine breite Lücke für den Raum, den das Naturrecht der Darstellung und Ordnung der sozialen Welt gewidmet hatte.

(4) In dieser Lage war es ein Zeichen für die tiefe Nötigung des menschlichen Geistes zum Selbstverständnis seiner sozialen Realität, daß trotz fehlender wissenschaftlicher Kontinuität, wie sie im Falle der aus der Naturrechtslehre herausgewachsenen Rechtsphilosophie vorlag, alsbald mit der „philosophie positive" eine neue Wissenschaft — die Soziologie — sich des freigewordenen Raums bemächtigte[6]. Doch wich auch sie in ihrem Verhältnis zur gesellschaftlichen Wirklichkeit und in dem von ihr vertretenen theoretischen Anspruch völlig von der Naturrechtslehre ab. Dem Naturrechtsdenken hatte sich die gesellschaftliche Verfassung als naturgemäße oder nach der Vernunft notwendige Ordnung erwiesen[7], sie war deshalb in der Lage, ihre Aussage über die Organisation dieser Gesellschaft, die sich für sie als soziales Gesamtphänomen — d. h. insoweit es sich dabei um das die Summe aller Einzelnen übergreifende Ganze handelte — von selbst verstand, in der Form des Rechtsgesetzes zu vollziehen.

Bezeichnenderweise beziehen sich die einzigen mit einem Rechtsinhalt ausgefüllten und absolut (d. h. ohne Ableitung aus dem formellen Gesetz) verbindlichen Sätze in Hegels „Grundlinien der Philosophie des Rechts" auf die Familie und die Korporation; für jene ist wesentlich die Monogamie (§ 167) als „eines der absoluten Prinzipien, worauf die Sittlichkeit eines Gemeinwesens beruht". Nur das absolute Moment in der Gesellungsform gestattet ausnahmsweise eine Formulierung in der Art des Gesetzes. Die Autonomie der Korporation (§§ 252 ff.) wird daraus begründet, daß in ihrer Ehre wie in der Heiligkeit der Ehe die Sittlichkeit des Staates wurzelt. Im übrigen ist zwar die bürgerliche Gesellschaft das endgültige Produkt der dialektischen Bewegung, dies besagt jedoch keineswegs, daß sie aus sich selbst rechtlich bestimmbar ist. Sie ist wohl, wenn anders das Sittliche — etwa durch die Revolte der Klassen — nicht zerstört werden soll, von Dauer wie der Staat; aber wie ihr Verhältnis zu diesem aus dialektischer Spannung besteht, so ihr eigenes Wesen in einer

---

[6] *Saint-Simon*, der Lehrer von *Comte*, veröffentlicht 1813 sein Reformprogramm unter dem für die völlig veränderte politische und (deshalb auch) ideengeschichtliche Situation sehr bezeichnenden Titel: „De la réorganisation de la société européenne". 1822 folgt das Erstlingswerk von *Auguste Comte*: „Plan des travaux scientifiques nécessaires pour réorganiser la société." 1826 beginnt er mit der Abhaltung von Privatvorlesungen über die „Philosophie positive". 1830 erscheint der „Cours de philosophie positive", 1851 bis 1854 in 4 Bänden das „Systéme de politique positive ou traité des sociologie instituant la religion de l'humanité".

[7] Vgl. hierzu *Karl Mannheim*, Ideologie und Utopie, S. 171 ff.; *Hans Freyer*, Soziologie als Wirklichkeitswissenschaft, S. 262 f.

III. Die ideengeschichtlichen Folgen der philosophischen Kritik

sie über sich selbst hinaustreibenden Bewegung (§ 246 — ihre imperialistische Tendenz). Es versteht sich, daß die hier zugrundeliegende Sozialerfahrung keine Fortsetzung der naturrechtlichen Rechtslehre ermöglicht. Aber gerade der Freund des Naturrechts sollte mit dem Verdikt gegen Hegel sehr vorsichtig sein, nicht nur, weil ausgerechnet Hegel der Jurisprudenz einen von dieser freilich nicht beachteten Zugang zum vorkantischen Naturrecht erschlossen und damit die prinzipiell erst wieder von Franz *Beyerle*[8] aktualisierte Fragestellung entdeckt hat[9], sondern noch viel mehr, weil hier die Überwindung des Naturrechts in einer genuin wissenschaftlichen Art geschah, nämlich nicht durch die Herrschaft einseitiger Begriffe, sondern durch die denkbar intensivste Art von Wirklichkeitserfahrung, die — wäre sie ihrerseits von der Rechtslehre aufgenommen und ausgewertet worden — ihr viele Irrwege erspart hätte. Die Mühen, die Hegels Begrifflichkeit zumutet und wegen deren auch Juristen gelegentlich ein zu leicht gewogenes Urteil gefällt haben, beruhen nicht auf exzessiver Begriffsakrobatik, sondern darauf, daß die Ausdrucksmittel der Zeit dem in Hegel jäh und unvermittelt aufgeschossenen Bewußtsein geschichtlicher Realität nicht gewachsen waren. Um sich dies zu verdeutlichen, muß man bedenken, einerseits in welcher naiven Simplizität sich die geschichtliche Welt in der Anschauung Kants ausnahm, und andererseits welche reichen Ergebnisse ein auf Hegels Erfahrung aufbauender Wirklichkeitssinn etwa bei L. v. Stein oder bei Dilthey einholte[10]. Die hier hervorgehobenen Momente finde ich noch deutlicher als durch § 211, auf den *Boehmer* verweist und der im Hinblick auf die Kodifikationsfrage Hegels Verhältnis zu Savigny am eindrucksvollsten bezeugt, durch solche Stellen der Rechtsphilosophie belegt, die ersichtlich machen, daß es einfach unredlich gewesen wäre, die Wirklichkeit, die Hegel sah, naturrechtlich zu harmonisieren; vgl. etwa die §§ 243, 244:

§ 243: „Wenn die bürgerliche Gesellschaft sich in ungehinderter Wirksamkeit befindet, so ist sie innerhalb ihrer selbst in *fortschreitender Bevölkerung* und *Industrie* begriffen. — Durch die *Verallgemeinerung* des Zusammenhangs der Menschen durch ihre Bedürfnisse und der Weisen, die Mittel für diese zu bereiten und herbeizubringen, vermehrt sich die *Anhäufung* der *Reichtümer,* — denn aus dieser gedoppelten Allgemeinheit wird der größte Gewinn gezogen, — auf der einen Seite, wie auf der anderen Seite die *Vereinzelung* und *Beschränktheit* der besonderen Arbeit und damit die *Abhängigkeit* und *Not* der an dieser Arbeit gebundenen Klasse, womit die Unfähigkeit der Empfindung und des Genusses der weiteren Fähigkeiten und besonders der geistigen Vorteile der bürgerlichen Gesellschaft zusammenhängt."

§ 244: „Das Herabsinken einer großen Masse unter das Maß einer gewissen Subsistenzweise, die sich von selbst als die für ein Mitglied der Gesellschaft notwendige reguliert, — und damit zum Verluste des Gefühls des Rechts, der Rechtlichkeit und der Ehre, durch eigene Tätigkeit und Arbeit zu bestehen, — bringt die Erzeugung des *Pöbels* hervor, die hinwiederum

---

[8] Der andere Zugang zum Naturrecht, in Deutsche Rechtswissenschaft, 4. Bd. S. 3 ff.

[9] Vgl. dazu unten Abschn. V.

[10] Über *Hegels* Bedeutung für die Naturrechtslehre äußern sich mit entgegengesetzten Ansichten *H. Thieme,* Das Naturrecht und die europäische Privatrechtswissenschaft, Basel, 1947, und *G. Boehmer* unter gleichlautendem Titel in der Ztschr. f. d. ges. Handels- und Konkursrecht, Bd. 112, S. 84 f.

III. Die ideengeschichtlichen Folgen der philosophischen Kritik 21

zugleich die größere Leichtigkeit, unverhältnismäßige Reichtümer in wenige Hände zu konzentrieren, mit sich führt."

Stellt man der Energie einer Wirklichkeitssicht, der sich hier aus der Anschauung noch sehr geruhsamer Verhältnisse die künftige Geschichte der gesellschaftlichen Dekomposition erschloß, den Sozialkontakt und die Sozialerfahrung gegenüber, die im Bereich der für die gesellschaftliche Ordnung am meisten verantwortlichen Wissenschaft — der Jurisprudenz — in klassischer Weise Savigny repräsentierte, so wird gerade der Jurist lange abwägen müssen, ehe er in das in der historisch-politischen Diskussion auch noch in mancher anderen Hinsicht verfehlte Urteil gegen Hegel einstimmt.

Bestand also für das Naturrecht noch jene unmittelbare Regelungsmöglichkeit, so setzte diese unmittelbar jeden Einzelnen normativ ansprechende Lehre von der sozialen Verfassung ein intaktes gesellschaftliches Gesamtbewußtsein voraus.

Auffälligerweise stand deshalb den repräsentativen sozialwissenschaftlichen Leistungen im Frankreich des 18. Jahrhunderts, wo die Problematisierung dieses Bewußtseins viel früher als bei den Deutschen einsetzte, eine Formulierung im Stil des Rechtsgesetzes nicht zur Verfügung. Ihre Aussageform war — bei den Enzyklopädisten, bei Rousseau und Turgot, den Wegbereitern der philosophie positive, — durch Kritik und Forderung bestimmt. Diese Unterschiede des Stils weisen auf entscheidende Unterschiede in der Sache hin, und es erscheint mir deshalb nicht angängig, die Enzyklopädisten — wie es H. Thieme in der angeführten Schrift tut — dem Naturrecht zuzurechnen und durch solche Verwischung der Vergleichsbasen eine Naturrechtsebene zu stabilisieren, auf der neben Leuten wie Pufendorf, Thomasius, Wolff, Nettelbladt die Franzosen Fontenelle, Diderot, d'Alembert, Voltaire, Rousseau oder gar Katharina v. Rußland stünden. Dann müßten doch wohl und — wie mir scheint — mit triftigerem Grund auch Friedrich der Große und Lessing hinzugerechnet werden. Daß das Sozialbewußtsein letztlich den Ausschlag dafür gibt, ob die Gesellschaft naturrechtlich bestimmbar ist, zeigt nicht nur die Auflösung der deutschen Naturrechtstheorie, sondern auch ein Vergleich zwischen den Entwicklungslinien, die die Aufklärung in Frankreich und Deutschland gezeichnet hat und die in einer geradezu abstrakt reinen Ausformung die eben noch innerhalb derselben Bewegung möglichen polaren Gegenpositionen bezeichnen. Die in Deutschland zu gleicher Zeit undenkbare, radikale Skepsis, mit der schon Fontenelle nicht nur die Fragwürdigkeit der Sitten, sondern auch den illusionären Charakter jeder moralischen und geistigen Zielstrebigkeit bloßlegte, war ein Grund, auf dem subtilere und heiklere Früchte des Geistes, aber sicher kein handfestes Naturrechtssystem gedeihen konnten. Vgl. dazu die „Nouveaux dialogues des Morts" (1683) des Fontenelle (passim), die man willkürlich aufschlagen kann, um sofort und an jeder Stelle den ganzen Abstand zwischen dem naiven, konstruktiven Optimismus der deutschen Aufklärung und der nur durch die Zucht einer erlesenen Form gebändigten Skepsis zu haben, der die französische Hochkultur des 17. und 18. Jahrh. ihr äußerstes Raffinement verdankt. Vgl. etwa aus den Dialogues des Fontenelle (in der Übersetzung von W. Langer bei Dieterich, Leipzig, 1947)

Parmeniskos u. Theokrit von Chios: „... aber die Höhle des Trophonius, die mich so traurig stimmte, ist nicht das, was man denkt." „Und was ist

sie denn?" „Es ist das Nachdenken. Ich hatte nachgedacht und lachte nicht mehr." ... „Und ist die Vernunft nur geschaffen, um uns zu verderben?" „Offensichtlich ist es nicht die Absicht der Natur gewesen, daß man besonders tiefgründig denkt; denn sie verkauft jene Art Gedanken recht teuer." Sie wollen tiefsinnige Überlegungen anstellen?" sagt sie zu uns. „Sehen Sie sich vor! Ich werde mich dafür mit der Traurigkeit rächen, die sie in ihnen hervorrufen." „Sie sagen mir aber gar nicht, warum die Natur es nicht will, daß man die Verstandesübungen bis dahin vortreibt, bis wohin sie vordringen können." „Sie hat die Menschen in die Welt gesetzt, damit sie darin leben und leben heißt: in den meisten Fällen nicht wissen, was man tut. Wenn wir die geringe Wichtigkeit dessen entdecken, was uns beschäftigt, und was uns bewegt, entreißen wir der Natur ihr Geheimnis. Man wird zu weise und will nicht mehr handeln. Das ist es, was die Natur nicht für gut hält." „Aber die Natur, die Sie besser denken läßt als die andern, verdammt Sie trotzdem auch dazu, wie jene andern zu handeln."
Athenais und Ikasia: „Alles ist ungewiß. Fortuna trägt — scheint es — Sorge, den gleichen Dingen verschiedenen Erfolg zu schenken, um sich ständig über die menschliche Vernunft lustig zu machen, die keine festen Regeln finden kann."

Helena und Fulvia: „So laufen die Dinge bei den Menschen. Man sieht großartige Bewegungen, doch deren Triebfedern sind gewöhnlich ziemlich lächerlich. Es ist um der Ehre auch der bedeutendsten Ereignisse willen von Wichtigkeit, daß deren Ursachen verborgen bleiben."

Es ist sehr bezeichnend, daß Paul Hazard aus der französischen Sicht das Thema der Zeit von 1680 bis 1715 mit dem Begriff der Krise erfaßt (La Crise de la Conscience Européenne). Der Krisencharakter fehlte der deutschen Aufklärung (nicht nur bei Thomasius, sondern noch bei Lessing) völlig. Er brach erst in ganz anderer Version als bei den Franzosen in Hegel durch.

Sobald ein solches gesellschaftliches Gesamtbewußtsein jedoch nicht mehr gegeben ist, die soziale Verfassung also fragwürdig und zum Problem geworden ist, wird die naturrechtliche Konzeption der Gesellschaft durch andere Auffassungen mit anderen Ausdrucksmitteln verdrängt. Das Erlebnis der Unzulänglichkeit im hic et nunc bindet sogleich die Fragestellung, die sich bisher auf eine schlechthin gültige soziale Ordnung bezog, an die konkrete geschichtliche Situation, die in verschiedener Art angesprochen wird: entweder kritisch-polemisch — so in der Form der den idealen Gegenfall darstellenden Utopie oder des direkten politischen Aktionsprogramms[11] — oder theoretisch — so

---

[11] Beide Fälle sind besonders rein dargestellt einerseits in der Utopia des *Thomas Morus*, anderseits im Principe des *Machiavelli*. Wie sehr gerade der Principe, obwohl später als eine überzeitliche Lehre aufgefaßt, eine „genau an Zeit, Ort und Individuum gebundene Leistung" ist, wird von *Meinecke* betont: Machiavelli mußte, um Machiavelli zu werden, die erschütternden Schicksale Italiens seit 1494 miterlebt haben. Diese und gerade diese Erlebnisse des Zusammenbruchs einer alten morschen Welt und des Emporkommens neuer, eiserner Gewalten waren erforderlich, um seinen Geist aufs Tiefste aufzuwühlen und zu seiner eigensten Leistung zu befähigen, um seinen Gedanken diese und gerade diese Richtung und diesen Inhalt zu geben." (aus: Klassiker der Politik, 8. Bd. *Machiavelli*, Der Fürst und kleinere

III. Die ideengeschichtlichen Folgen der philosophischen Kritik

im Falle der Soziologie[12]. Wird aber eine gesellschaftliche Wirklichkeit, die sich nicht mehr mit fragloser Sicherheit absolut setzen kann, nicht politisch, sondern theoretisch erfaßt, so zielt die Frage nicht mehr nur auf das, was *ist* und was an seiner Stelle sein *soll*, sondern darauf, *warum es so geworden* ist und was daraus werden *muß*. Die Soziologie tritt mit anderen Worten bei ihrem Debut als Universalwissenschaft von der Geschichte der menschlichen Gesellschaft auf[13], und ihre Logik wechselt aus der normativen Basis, die eine unmittelbare rechtliche Bestimmung des jedem Einzelnen obliegenden Verhaltens ermöglichte, in die entwicklungsgesetzliche um.

Ein einziger Satz von *Hegel* erschließt (bezüglich der Abweichung von den naturrechtlichen Denkformen) den neuen Stil: „Durch diese Dialektik wird die bürgerliche Gesellschaft über sich hinausgetrieben ..." (§ 246 der Rechtsphilosophie). Entsprechend schreibt *Comte* etwa[14] in folgender Stelle: „Auch in dynamischer Einsicht modifizieren die steten Veränderungen der menschlichen Meinungen je nach Verschiedenheit des Ortes und der Zeit eine solche Gleichheit nicht stärker. Wir kennen jetzt das Entwicklungsgesetz, dem der anscheinend willkürliche Verlauf dieser Veränderungen

Schriften, mit Einführung von *Fr. Meinecke*, S. 9). Ganz ähnlich leitet *H. Oncken* in der Einleitung zu der im 1. Band der gleichen Reihe herausgegebenen Utopia des *Th. Morus* (S. 6 ff.) die utopische Ausdrucksform aus der zugrundeliegenden politischen Erfahrung ab. „Man sah sich einer Reihe von scheinbar anarchisch einander ablösenden Krisen gegenüber, in denen der Bestand der ganzen historischen Welt in Frage gestellt war, alle politischen Gewalten, im äußeren wie inneren Staatsleben, in ihrer wechselseitigen Bedingtheit und Verflechtung sich offenbarten; und gleichzeitig wurde man sich bewußt, daß mitten in diesem äußeren kaleidoskopischen Wechsel auch der tiefste Grund dessen, worauf die ganze Welt ruhte, die wirtschaftlich sozialen Bedingungen des Lebens und die geistige Physiognomie eines Weltalters erschüttert zu werden begannen. Auf diesem Boden sind die Staatslehren der Renaissance erwachsen."

[12] Diese ist somit zugleich Zeugnis und Produkt einer ganz bestimmten sozialen Realität und des sie umgreifenden Sozialbewußtseins. Vgl. dazu *H. Freyer*, Soziologie als Wirklichkeitswissenschaft, S. 158 ff. und *H. v. Treitschkes* „Kritischen Versuch", „Die Gesellschaftswissenschaft" (1859), in dem bezeichnenderweise der Wissenschaftscharakter der Soziologie mit dem Hinweis bestritten wird, daß in allen geschichtlich starken Zeiten „der Hader der sozialen Klassen zurücktritt hinter den politischen Einheitsgedanken (S. 88). Die Soziologie gehört deshalb als die Wissenschaft der sozialen Krise selbst zu den wichtigsten Gegenständen soziologischer Forschung — ein Grund dafür, daß sie sich ständig neu konzipiert und nicht zur Ausgewogenheit und Allgemeinverbindlichkeit eines klassischen Systems gelangt. Die enge Verbindung mit dem Tatbestand der sozialen Krise hat die Soziologie — was *auch* für ihren Charakter sehr aufschlußreich ist — in vergangenen Jahren büßen müssen. Ab 1933 war das Problem der sozialen Krise nicht mehr diskutabel, und die Wissenschaftspolitik verfügte Ausschaltung der Soziologie aus dem Verband der staatlich konzessionierten Wissenschaften.

[13] Dies gilt ebenso für den französischen Positivismus, der an das von *Saint-Simon* entdeckte Dreistadiengesetz anknüpfte, wie für die Geschichtsphilosophie von *Hegel*, die in der weiteren Entwicklung in die Realdialektik von *Marx* und *Lorenz v. Stein* umschlug.

[14] Aus der von *Blaschke* bei Kröner besorgten Übersetzung „Die Soziologie", S. 472.

unterliegt, die den Glauben an die Ungewißheit der menschlichen Kenntnis veranlassen, weil das Übergewicht einer absoluten Philosophie eine Wahrheit ohne Unveränderlichkeit nicht gestattete. ... Diese Richtung ist die Grundlage der revolutionären Auffassungen und hindert das gesunde Urteil über die menschliche Entwicklung in ihrer Gesamtheit. Ich habe sie in diesem Werk berichtigt; das Studium der Vergangenheit hat uns nicht nur die zeitliche Folge der verschiedenen Theorien in jeder Wissenschaft, sondern auch die verschiedensten religiösen Meinungen im Gegensatz zu unseren jetzigen Kenntnissen in der Weise und in dem Sinne kennen gelehrt, als hätten sie immer, zunächst bei ihrem Aufkommen und dann während ihrer Dauer das beste System gebildet, das mit der betreffenden Periode der menschlichen Entwicklung verträglich gewesen wäre; d. h. als die wenigst unvollkommene Annäherung an die fundamentale Wahrheit, die damals möglich war, und der wir uns gegenwärtig mehr genähert haben. ... In dieser Weise hat die Soziologie eine relative Philosophie gegründet, indem sie die Idee der Entwicklung, die einem bestimmten Gang unterliegt, zur überwiegenden machte."

IV. Die Folgen der neuen geisteswissenschaftlichen Konstellation für die Stellungnahme zum Naturrecht

(1) In völliger Entsprechung zu den nach der Auflösung der Naturrechtslehre in verschiedenen Wissenschaften verwalteten verschiedenen Funktionsbereichen teilten sich nun auch die Zuständigkeiten bezüglich der Stellungnahme zum Naturrechtszeitalter. Was zunächst die Soziologie anbelangt, so ergab sich dabei ihr Problem genau in dem gleichen Sinne, wie sie sich vom Tage ihrer Entstehung an selbst zum Problem wurde[1], d. h. das Naturrechtsdenken beschäftigte sie als die ideengeschichtliche Komponente einer bestimmten Sozialordnung. Von hier ergab sich die Möglichkeit einer sozialen Typik des Naturrechts und seiner zeitgeschichtlichen Lokalisierung. Wurde in letzterem Bezug das Naturrecht als objektiver Geist, d. h. als durchgeformtes Sinngefüge, und zugleich als bündiges Resultat der Wirkungskräfte und Tendenzen seines Zeitalters genommen, so bot es auch und vorzüglich als Gegenstand stilgeschichtlicher Forschung ein reiches Feld[2]. Aber

---

[1] Vgl. oben Abschn. III Anm. 12.

[2] Beispiele dafür bieten die Ansichten von *Comte* über den metaphysischen Zustand der Gesellschaft, den er — damit die französische Erfahrung mit dem vorpositiven Zeitalter kennzeichnend — als die Epoche des revolutionären Übergangs versteht (S. 267 ff.); ferner *Hegel*, Philosophie der Weltgeschichte, 2. Aufl., S. 915 ff.; *Dilthey*, Das Allgemeine Landrecht, in Ges. Schr., XII. Band, S. 131 ff.; ders. im I. Bd. der Ges. Schr. S. 378 ff., im VIII. Bd. S. 196 f., und im VII. Bd., wo die morphologische Beziehung zwischen Kultursystem und Logoswissenschaften prinzipiell entwickelt wird; *Troeltsch*, Die Soziallehren der christlichen Kirchen, 1912; *F. Tönnies*, Hobbes Leben und Lehre, 3. Aufl., 1925, und *ders.* im Vorwort zu Th. *Hobbes*, Naturrecht und allgemeines Staatsrecht in den Anfangsgründen, 13. Band der Reihe „Klassiker der Politik, 1926; *Huizinga*, Zwei Gedenkreden auf *Hugo Grotius*, in: Wege der Kulturgeschichte (1930, S. 298 ff.); *H. Freyer*, Soziologie als

wie ergiebig diese Betrachtungsweise auch sein mochte — ein Aspekt, und zwar gerade der, der durch die Beschäftigung mit dem Naturrecht besonders nahegelegt ist, nämlich der juristische, blieb ihr verschlossen. So stand, gleichgültig, ob es sich um das Naturrecht als Ganzes oder um ein spezielles Problem — etwa die Lehre vom dominium eminens und directum — handelte, nicht der *rechtliche* Gehalt und der juristische *Lösungs*wert zur Diskussion, sondern der *zeitgeschichtliche* Gehalt und der *Ausdrucks*wert für eine bestimmte Sozialstruktur. Bezüglich der Wirkung interessierte demgemäß nicht die nur aus dem reichen normativen Detail erschließbare juristische Funktionsfähigkeit der Naturrechtssysteme, sondern die rein sozialwissenschaftliche Frage nach dem (bewahrenden oder reformierenden) Einfluß auf die gesellschaftliche Verfassung und das in sie eingebaute Herrschaftssystem[3].

(2) War also die Soziologie, die bei gemeinsamen sozialem Stoffbereich eine vom Naturrecht in seinen obersten Maximen und in seiner Methodentheorie ausgedrückte Unverbrüchlichkeit und Beständigkeit der gesellschaftlichen Ordnung nicht mehr glauben konnte, eben deshalb außerstande, ihre Auffassung vom Sozialkörper normativ zu äußern und den juristischen Charakter des Naturrecht zu würdigen, so befand sich die Rechtsphilosophie zufolge umgekehrter Sachlage in einem ähnlichen Dilemma. Denn da sie nur die Idee und den Begriff des Rechts verwaltete, den „empirischen Stoff" aber prinzipiell ausgrenzen mußte, konnte sie — wie immer sie sich auch zu den apriorischen Konstituanten des Naturrechts verhielt — auf jeden Fall in bezug auf die „unreine Vermischung" derselben mit dem bedingten und zufälligen Material des Rechts nur zu einem kritischen Urteil gelangen; zwar gehörte — im Gegensatz zur Soziologie — das normative Element des Rechts zu ihren wichtigsten Themen, sie erfaßte es jedoch nur in der Idee, nicht aber in der Erscheinung des Naturrechts.

(3) Bei aller Verschiedenheit des Blickfeldes war beiden Betrachtungsweisen immerhin dies gemeinsam, daß sie sich trotz der Vereinseitigung der Standpunkte auf das Naturrecht als Ganzes bezogen — wenn auch freilich im Falle der philosophischen Kritik nur in dem negativen Sinn, daß sie das Naturrecht in complexu — ohne sich zur Auseinandersetzung mit der rechtlichen Ausführung der allgemeinen Maximen genötigt zu sehen — in Frage stellte. Völlig anders verhielt es sich demgegenüber im Verhältnis der Rechtswissenschaft zum Naturrecht. Aus ihren eigenen Bedingungen heraus, die sie in der Dogmatik des

---

Wirklichkeitswissenschaft, S. 213 ff.; derselbe für 2 ihrem kultur- und sozialgeschichtlichen Problemgehalt nach parallele Themen in „Machiavell", und „Politische Insel, Geschichte der Utopien".

[3] Besonders schön ist diese Auffassung durchgeführt, aber auch erläutert bei *Dilthey*, Das Allg. Landr., S. 131 f.

geltenden Rechts streng an die positive Norm banden, war ihr in der rechtsgeschichtlichen Wendung ein Zugang zum Naturrecht als Gesamtphänomen versagt. Fehlte den einzelnen Sätzen des Naturrechts die geltungstheoretische Legitimation — eine Frage, bezüglich deren die Rechtswissenschaft sich dem Spruch der Philosophie beugen mußte —, so verloren sie damit gleichzeitig ihre spezifische, d. h. eben naturrechtliche Qualität. Mit dem Urteil der Philosophie war also auch für die Jurisprudenz das Naturrechtsproblem als solches entschieden. Die Fragestellung, die ihr in bezug auf die rechtliche Seite der Naturrechtslehre verblieb, unterschied sich nicht wesentlich von der, die sie auf beliebige andere Rechtssysteme anwenden konnte. Weder die Nachweise über den erheblichen Beitrag des Naturrechts zur äußeren Systemgeschichte, noch die über die vorherrschenden dogmengeschichtlichen Einflüsse und ihre selbständige Verarbeitung und Anpassung an den Zeitstil boten für sich allein der Rechtswissenschaft die Möglichkeit, eine eigene Sicht und Zuständigkeit für die Naturrechtsfrage als solche zu erhalten[4].

V. Die Naturrechtsjurisprudenz als Objektivation der Rechtsidee

(1) Der juristische Historismus und Positivismus beschränkte sich auch in seiner rechtsgeschichtlichen Wendung auf die Bearbeitung des ihm dargebotenen Rechtsstoffs und verzichtete nicht nur auf seine Legitimierung aus der Rechtsidee, sondern auch auf Ableitung und Begründung aus der Rechtswirklichkeit. Doch war damit die Frage, ob die Rechtswissenschaft neben der Philosophie und Soziologie einen selbständigen, nicht nur auf das Zufällige und Einzelne gerichteten Zugang zum Naturrecht habe, noch keineswegs entschieden. Daß es ihn gebe, ist bereits — wenigstens in einem ersten Ansatz — aus dem Urteil *Hegels* über die vorkantische, von ihm als empirisch bezeichnete Behandlungsart des Naturrechts ersichtlich. Während er die Sophisterei, mit der die spätere, formelle Naturrechtstheorie die Subsumtion des Rechtsstoffs unter den einseitig verabsolutierten Begriff betrieb, in

---

[4] Die Grenzen und aber auch — im besten Sinn — die Möglichkeiten der durch die historische Rechtsschule bestimmten Betrachtungsweise veranschaulicht *Otto Gierkes* Breslauer Rektoratsrede, „Naturrecht und Deutsches Recht", Frankf. a. M. 1883, bezüglich deren *H. Thieme* mit Recht hervorhebt, wie wenig Raum der privatrechtlichen Leistung des Naturrechts gewidmet wird. Völlig anders verhält es sich dagegen mit den Aufsätzen von *H. Thieme*, „Die Zeit des späten Naturrechts" u. „Die preußische Kodifikation" (Sav. Ztschr., Germ. Abt., 56. Bd. S. 202 ff. u. 57. Bd. S. 355 ff.) und von *Franz Beyerle*, „Der andere Zugang zum Naturrecht", die bereits erstmalige Ausführungen der hier über die unmittelbare Zuständigkeit der Jurisprudenz für das Naturrecht entwickelten Grundsätze sind.

V. Die Naturrechtsjurisprudenz als Objektivation der Rechtsidee 27

ihrer ganzen Ausführung verwarf, erfuhr die ältere Lehre durch ihn eine zwar begrenzte, aber gerade für die juristische Betrachtung des Naturrechts sehr aufschlußreiche Rechtfertigung. Zwar gestand er ihren Kritikern zu, daß es dem Verstand eine kleine Mühe sei, über sie herzufallen und die Konfusion und den Widerspruch ihrer Grundbegriffe aufzuzeigen. Während aber die Widerspruchslosigkeit und radikale Konsequenz des Begriffes die *Anschauung* des organischen Verhältnisses, in dem das Recht wirklich ist und erscheint, vernichtet, ist es gerade die *Inkonsequenz* in der axiomatischen Grundlegung, „durch welche jene Aufnahme der Bestimmtheiten in den Begriff sich berichtigen und die der Anschauung angetane Gewalt aufheben kann"[1]. Indem die Naturrechtslehre in logischer Unbefangenheit mit den zur normativen Bestimmung der Rechtsinhalte erforderlichen Begriffen — der socialitas, der imbecillitas, libertas, aequalitas usw. — verfuhr, wie es jeweils im Hinblick auf das Sachproblem dienlich erschien, setzte sie sich zwar dem Verdikt der Philosophie aus, rettete aber durch solche theoretische Unbekümmertheit die praktische Einheit und Totalität des „organischen Verhältnisses". Was im Richtmaß der Theorie als inkonsequent erscheint, gehörte also geradezu zur Konsequenz der „empirischen Wissenschaftlichkeit" (d. h. der Rechtslehre). Über diese Ehrenrettung hinaus, die ihr wenigstens für den Bereich ihrer praktischen Leistung die durch den Übergriff der Kritik bestrittene Legitimation wiedergab, erhielt nun die ältere Lehre durch eine Intensivierung und dialektische Steigerung des gleichen Gedankens eine Rechtfertigung, die ihr — gerade weil und insoweit es sich bei ihr nur um „empirische Anschauung" handelte — die gleiche Würde wie der spekulativen Vernunft selbst zuwies; denn „eine große und reine Anschauung vermag auf diese Art in dem rein Architektonischen ihrer Darstellung, an welchem der Zusammenhang der Notwendigkeit und die Herrschaft der Form nicht ins Sichtbare hervortritt, das wahrhaft Sittliche auszudrücken; einem Gebäude gleich, das den Geist seines Urhebers in der auseinander geworfenen Masse stumm darstellt, ohne daß dessen Bild selbst, in eins versammelt, als Gestalt darin sichtbar wäre".

Hegel führt den in diesem großartigen Bild entworfenen Gedanken näher aus (S. 341): „Es ist in einer solchen durch Hilfe von Begriffen gemachten Darstellung nur eine Ungeschicklichkeit der Vernunft, daß sie das, was sie umfaßt und durchdringt, nicht in die ideelle Form erhebt und sich desselben bewußt wird. Wenn die Anschauung sich nur selbst getreu bleibt und vom Verstand sich nicht irre machen läßt, so wird sie, insofern sie der Begriffe zu ihrem Ausdruck nicht entraten kann, sich in Ansehung derselben ungeschickt verhalten, im Durchgang durchs Bewußtsein verkehrte Gestalten annehmen und für den Begriff sowohl unzusammen-

---

[1] a.a.O. (Abschn. II, Anm. 2) S. 340 f.

hängend als widersprechend sein; aber die Anordnung der Teile und der sich modifizierenden Bestimmtheiten lassen den zwar unsichtbaren, aber inneren vernünftigen Geist erraten, und insofern diese seine Erscheinung als Produkt und Resultat betrachtet wird, wird es mit der Idee als Produkt vollkommen übereinstimmen[2]."

(2) Indem also die Rechtslehre nur ihrer eigenen Bestimmung folgt und im Blick auf den umgreifenden Funktionszusammenhang der sozialen Ordnung, der aber nicht in der starren Bestimmung aus Begriffen, sondern in der sinnvollen Koordinierung und Verknüpfung des Mannigfaltigen besteht, die „auseinander geworfene" Masse ihrer Gegenstände in der *ihrer* Fragestellung und *ihrem* Stoff gemäßen Weise, d. h. in der „Konsequenz empirischer Wissenschaftlichkeit", durchdringt, stellt sie die Idee des Rechts (das Absolute) im Reflex ihrer natürlichen Erscheinung dar. Das Sittliche ist nicht ihre formelle Aufgabe, aber ihr praktisches Resultat; sie findet es nicht in der absoluten Bestimmtheit des Begriffs, sondern indem sie den Gesetzen, nach denen sich das Sittliche den Gegenständen der empirischen Welt mitteilt, folgt, erfaßt sie es als Wirkung und Leistung, d. h. als soziale Realität. Diese Realität ist wie jeder vom Geist mit der ihm eigentümlichen Konsequenz erschlossene Stoff ein bündiges Ganzes. So muß also auch die Rechtslehre einen eigenen Zugang zum Naturrecht als Ganzem haben, insofern es die Objektivation der Rechtsidee, ihre Erscheinung in der Wirklichkeit zu erfassen sucht, denn nur sie hat die Kontrolle über die „empirische Konsequenz", nach der das Recht in der Organisation der menschlichen Verhältnisse und ihrer Verknüpfung zu einer sozialen Totalität verfährt. Um in der entfalteten Ordnung ihrer Gegenstände den gleichen Rang und dieselbe Gültigkeit ausgedrückt zu finden, wie sie die Philosophie für den absoluten Begriff in Anspruch nimmt, muß sie die Rechtslehre nur mit Entschiedenheit als das alter ego dieses Begriffs auffassen. Damit erlangt sie die Unabhängigkeit und Sicherheit einer eigenen, ihr gemäßen Fragestellung. Sie prüft nicht, ob die Naturrechts*idee* gerechtfertigt sei, sondern ob, wie und in welchem Grade es den Naturrechtlern gelungen sei, durch Anschauung zur idealen rechtlichen Bestimmung der sozialen Wirklichkeit zu gelangen[3]. Was hier als Ideal gesucht wird, ist also nicht mehr und nicht weniger, als die vollkommene juristische Gestalt der wirklichen, d. h. eben angeschauten Gesellschaft.

---

[2] „Große und reine Anschauung" des Wirklichen, umgesetzt in rechtliche Bestimmung und entfaltet in der „Architektonik" des Naturrechts — das sind die Vokabeln *Hegels* für die Betrachtungsweise, mit der *Franz Beyerle* den „anderen Zugang zum Naturrecht" sucht.

[3] Näheres hierüber s. unten Abschnitt VIII.

VI. Die Korrektur einer rechtsgeschichtlichen Fehlkonstellation durch das Naturrecht

(1) Freilich ist das Naturrechtsproblem im juristischen Sinn anders als in seiner philosophischen Wendung kein unabhängig von Anlaß und Nötigung ewiges Anliegen. Eine Rechtskultur, deren begrifflicher Formenschatz aus der Wirklichkeit abgezogene, verdichtete Erfahrung ist und mit sicherem Takt für die in ihm aufgespeicherten Erfahrungswerte gehandhabt wird, bezeugt in der jeweiligen Stufe ihrer Entwicklung die Rechtsidee unmittelbar. Da die empirische Anschauung des Ganzen in ihre Technik selbst eingelagert ist, teilt sie sich ohne wissenschaftliche Reflexion, d. h. also praktisch mit, und die Jurisprudenz, die sich ihrer bedient, ist keine Theorie, sondern Entscheidungskunst[1]. Wird jedoch der unmittelbare, durch eine entwickelte Rechtstechnik möglicherweise aufs Höchste verfeinerte und angestrengte Kontakt zwischen Jurisprudenz und sozialer Ordnung verloren, so ergibt sich eine Situation, in der das ursprüngliche Verhältnis auf dem Umweg über eine *wissenschaftliche* Behandlung des Rechts mühsam wieder hergestellt werden muß.

(2) Diese These verdeutlicht sich am besten, wenn man sie auf den für uns bedeutsamsten Vorgang dieser Art — die Rezeption des Justinianischen Rechts — anwendet, wobei sich freilich sogleich auch zeigt, daß der Wissenschaftsbegriff in dem hier gemeinten Sinn einer von der üblichen Verwendung im allgemeinen Sprachgebrauch abweichenden, strengeren Kennzeichnung bedarf.

Zunächst löste nämlich die Rezeption eine theoretische Wendung aus, die nicht so sehr eine wissenschaftliche wie vielmehr eine nur gelehrte technische Behandlung des Rechtsstoffs ergab. Die Exegetik (Glosse) wie die Kommentierung und später auch die Systematisierung des Fremdrechts verfolgten nicht ein wissenschaftliches, sondern ein technisches Anliegen. Es handelte sich dabei um die Aufgabe, die Praktikabilität des fremden Rechts herzustellen; und zwar sowohl in dem Sinne, daß es in sich selbst — vorzüglich distinguendo — verständlich und verwendbar gemacht wurde, wie auch insofern, als abweichende Sachprobleme — insbesondere durch Begriffsverschiebung — einen rechtlichen Zuschnitt erhielten, der ihre Subsumtion unter die Sätze der ratio scripta ermöglichte[2]. Diese Seite der nicht aufs Praktische unmit-

---

[1] Vgl. dazu für den unter den bekannten Rechtskulturen insoweit klassischen Fall des römischen Rechts *Wieacker*, „Vom römischen Juristen" (in Ztschr. f. d. ges. Staatswissenschaft, Bd. 99, S. 440 ff. und in dem Sammelband „Vom römischen Recht", Koehler u. Amelang, Leipzig, 1944, S. 7 ff.

[2] Vgl. dazu insbesondere *Stintzing*, Geschichte der Rechtswissenschaft, 1. Abth., passim; *Michaelis*, Wandlungen des deutschen Rechtsdenkens seit dem Eindringen des fremden Rechts, 1935; *Wieacker*, Ratio scripta, Das römische Recht und die abendländische Rechtswissenschaft, in: Vom Römi-

VI. Das Naturrecht als Korrektur einer Fehlkonstellation

telbar (i. S. des Empirischen oder der Rechtswirklichkeit), sondern auf die Praktikabilität der Normen gerichteten Rechtstheorie begleitete seit der Rezeption die Rechtsgeschichte und hat in allen Stufen ihrer Entwicklung — von der Glosse bis zur modernen Gesetzeswissenschaft[3] den Vorwurf gegen sich, daß *insoweit* ihre Wissenschaftlichkeit eine Illusion sei[4].

(3) Dieser Vorwurf wäre unbegründet, wenn er die Veränderlichkeit ihrer Einsichten als solche meinte; denn es gehört zum Wesen des empirischen Rechts, daß es den Wandlungen der sozialen Organisation, die sich ja gerade mit ihm vollziehen, folgt. Dagegen trifft er allerdings zu, wenn und insoweit die positive Rechtslehre durch den Federstrich des Gesetzgebers kassierbar ist, d. h. wenn sich ihre theoretische Geltung nur auf das Gesetz an und für sich bezieht und deshalb mit dessen praktischer Geltung steht und fällt.

Die Frage der Wissenschaftlichkeit bestimmt sich sinnvollerweise nicht nach der begrifflichen Apparatur (die eine Technik genau so und dringender benötigt), sondern nach dem Gegenstand der Rechtstheorie. Das Recht ist, wie immer man seine Herkunft verstehen und rechtfertigen mag, konstitutives und integrierendes Element der sozialen Wirklichkeit und in dieser Bedeutung nicht weiter ableitbar. Wenn und sofern sich also die Anschauung unmittelbar auf die Rechtswirklichkeit richtet, operiert sie in wissenschaftlicher Sicht, weil sie ihre Wahrheit (nicht die philosophische, sondern die empirische) aus dem letzten ihr zugänglichen Gegenstand holt und das Problem in den Verhältnissen aufnimmt, in denen es realiter steckt. Wenn (aber auch hier ist zu ergänzen: und insoweit) die positive Rechtslehre sich auf die Interpretation und systematische Darstellung des Gesetzes *als solchen* beschränkt, dient sie nur der näheren Bestimmung dessen, was ein an-

---

schen Recht, S. 195 ff.; *derselbe,* Einflüsse des Humanismus auf die Rezeption, in Zt.schrift f. d. ges. Staatswissenschaft, 100. Bd. S. 423 ff. *Koschaker,* Europa und das Römische Recht, 1947, Abschn. VII - X u. XIII C.

[3] Für *Kants* Naturrechtsauffassung ist es charakteristisch, daß er mit seiner Unterscheidung von Jurisprudentia (Rechtsklugheit) und Jurisscientia (Rechtswissenschaft) (s. Einleitung in die Rechtslehre, § A) an den hier hervorgehobenen Momenten völlig vorbeisieht, obwohl ihre Beachtung für den Naturrechtssystematiker sehr nahe liegen müßte. Die Unterscheidung zielt darauf ab, ob es sich um Anwendung des positiven Rechts auf praktische Fälle oder um bloße systematische Kenntnis handelt. Pandektentheorie und Naturrechtslehre werden also einem gemeinsamen Wissenschaftsbegriff unterstellt. Demgegenüber betont *Hegel* scharf den verschiedenen Wissenschaftscharakter beider Disziplinen, wenn er positive Rechtswissenschaft und (formale oder empirische) Naturrechtslehre unterscheidet.

[4] Vgl. dazu etwa *Windscheid,* Recht und Rechtswissenschaft (Leipziger Rektoratsrede, 1884), *Lundstedt,* Die Unwissenschaftlichkeit der Rechtswissenschaft, Berlin, 1932, *Koschaker* S. 337 ff. In dem im Text hervorgehobenen „Insoweit" steckt der in den folgenden Ausführungen über den juristischen Wissenschaftsbegriff näher ausgeführte Vorbehalt gegen *Koschakers* Ansicht.

derer — der Gesetzgeber — aus unmittelbarem Bezug zur Rechtwirklichkeit verfügt hat, d. h. ihr Gegenstand ist abgeleiteter Art. Sie maßt sich nicht an, das Recht selbst zu finden, sondern begnügt sich, das richtige Verständnis der ihr abgenommenen Entscheidung über das Recht zu sichern. Sie vermittelt also nur zwischen Gesetzgeber und Praxis und trägt, da sie nicht die juristische Wahrheit, sondern nur die relative Richtigkeit ihrer Sätze beglaubigen will, die typischen Kennzeichen einer Technik.

Wenn dieser Satz noch einer weiteren Begründung bedarf, so ist auf die für die positive Rechtslehre, wenn und insoweit sie sich auf die begriffliche und systematische Verarbeitung des Gesetzesstoffs beschränkt, charakteristische Inkongruenz zwischen ihrer theoretischen und praktischen Geltung hinzuweisen: Jene behauptet Richtigkeit im Sinne zureichender Begründung und bezieht sich auf das Gesetz; diese beansprucht — entsprechend dem normativen Charakter der Rechtslehre — Verbindlichkeit ihrer Sätze im Sinne konkreter Beachtung und Anwendung und ist — gleichgültig wen sie als Normadressaten meint — im Effekt auf die Rechtswirklichkeit gerichtet. Wo aber eine Theorie, die praktische Geltung fordert, ihre logische Konsequenz nicht auf das Feld ihrer realen Wirkung stützt und die Verantwortung dafür, daß die Diskrepanz zwischen ihrem logischen und praktischen Bezug keine Fehlwirkung ergibt, der Autorität überläßt, an die sie als Theorie allein gebunden ist, liegen die typischen Merkmale einer nur ausführenden, technischen Lehre vor.

Die gelehrte Jurisprudenz, entstanden aus dem Offenbarungsglauben an die ratio scripta der Justinianischen Kodifikation und im weiteren Verfolg um die technische Angleichung des Fremdrechts an die Bedürfnisse des praktischen Rechtslebens bemüht, konnte so wenig wie die Praxis selbst aus eigener Kraft das gestörte Verhältnis zur sozialen Realität wieder herstellen. Um durch die Überlagerung derselben mit einer fremden Rechtsanschauung durchzudringen und sie aus ihren eigenen Bedingungen heraus rechtlich zu konzipieren, bedurfte es einer *wissenschaftlichen* Behandlung des Rechts in dem Sinne, daß mit den Mitteln der Rechtstheorie die unmittelbare Anschauung ihrer Gegenstände, d. h. der gesellschaftlichen Ordnung, neu begründet wurde[5].

---

[5] Die Problematik der durch die Rezeption herbeigeführten Lage wird freilich ebenso durch gegenläufige Tendenzen bezeugt; so wenn *Leibniz*, dessen deduktiver Denkstil in der demonstrativen Methode *Christian Wolffs* naturrechtlich ausgewertet wurde, in der Nova Methodus discendae docendaeque jurisprudentiae zwar dem römischen Recht logische Vollkommenheit zubilligte, zum Zwecke ihrer Erschließung aber empfahl, von den überlieferten Quellen zu der sie tragenden elementaren Rechtsidee zurückzudringen und so die Rechtsvernunft in reiner Gestalt zu erschließen.
Der hier vertretetenen Auffassung über das Verhältnis des Naturrechts zur Rezeption entspricht, was *Wieacker*, Einflüsse des Humanismus auf die

VI. Das Naturrecht als Korrektur einer Fehlkonstellation

Denn wenn für die Lösung dieser Aufgabe das Gesetz (das vielmehr ihr größter Widerstand war) versagte, war die Frage, wie die konkrete soziale Verfassung in adäquater Weise rechtlich zu bestimmen sei, nicht mehr — wie in den Zeiten einer intakten Rechtskultur — allein in der praktischen Handhabung des positiven Rechts und ebensowenig in seiner gelehrten Darstellung zu bewältigen. Sie stellte sich jetzt vielmehr als wissenschaftliches Problem, nämlich in der Aufgabe, in einer spezifisch juristischen (ausdrücklich dargestellten oder implicite entwickelten) Erkenntnistheorie der Vernunft eine unmittelbare, ohne Ableitung aus der Autorität des positiven Gesetzes aus sich selbst schlüssige Aussage über das Recht zu ermöglichen.

(4) Diese Aufgabe ist aus Gründen der geistesgeschichtlichen Situation, die sie antraf, dem Naturrecht zugefallen und bestimmte seine Entwicklung von einer moraltheologischen Disziplin zur *scientia juris et aequi* schlechthin, „quae non unius civitatis legibus absolvitur, sed qua quorumvis hominum erga se invicem officia reguntur"[6]. Daß damit eine Wissenschaft postuliert wurde, deren Sätzen nicht nur eine von der Zustimmung des positiven Gesetzes unabhängige, sondern auch räumlich und zeitlich unbegrenzte Geltung zukommen sollte, ändert nichts an der spezifischen Rolle, die ihr im Ablauf der neueren Rechtsgeschichte zufiel.

So bestätigt sich die Erfahrung, daß auch und in besonderem Maße die Erkenntnis der eigenen, (zunächst nur im Siegel von alters her beglaubigter Wahrheiten verständlichen) sachlichen Bedingung und praktischen Funktion einer Wissenschaft erst im späten Eulenflug heimgeholt wird.

Den Zusammenhang zwischen der durch die Rezeption verursachten und durch die juristische Dogmatik nicht überwundenen rechtlichen Fehlkonstellation und der Heraufkunft des Naturrechts hat erst *Hegel*, der für die Auflösung der Naturrechtslehre mit seinem Begriff von der bürgerlichen Gesellschaft (s. o. S. 20 f.) als einziger eine stichhaltige Begründung fand, gesehen. Dies zeigt sich deutlich, wenn man seinem Urteil über das empirische Naturrecht (s. o. S. 27) die Stellungnahme zur geschichtlichen Rechtsauffassung gegenüberstellt (aus der Abhandlung „Wissenschaftliche Behandlungsarten des Naturrechts"): „Im Gegenteil erweist diese geschichtliche Erkenntnis des Gesetzes, welche in verlornen Sitten und einem erstorbenen Leben allein seinen Grund aufzuzeigen weiß, gerade,

---

Rezeption, S. 455 f., ausführt. Auch für den Fall des Prozeßrechts versteht *de Boor*, Gerichtsschutz und Rechtssystem, Leipziger rechtswissenschaftliche Studien, Heft 126, S. 12 f., die Naturrechtstheorie, die das bürgerliche Recht „nicht vom Standpunkt des Prozeßjuristen, sondern von dem des Sozialtheoretikers aus" sah und bei der deshalb der Prozeß „in eine andere, bloß dienende Stelle" trat, als Gegenschlag gegen die durch die Rezeption bedingte actionenrechtliche Auffassung und ihre prozessualen Konsequenzen.

[6] *Pufendorf*, Elementorum Jurisprudentiae Universalis Libri II, 2. Aufl., Jena 1669, Praefatio, S. 5.

VI. Das Naturrecht als Korrektur einer Fehlkonstellation

daß ihm jetzt in der lebendigen Gegenwart der Verstand und die Bedeutung fehlt, — wenn es schon noch durch die Form des Gesetzes, und dadurch, daß noch Teile des Ganzen in seinem Interesse sind und ihr Dasein an dasselbe knüpfen, Macht und Gewalt hat." (a.a.O., S. 408). Die Brücke zwischen beiden Urteilen schlägt die folgende Stelle, die der ganz und nur ihrer Aufgabe und dem ihr zugewiesenen Bereich des Wirklichen dienenden Rechtswissenschaft (nicht eine Weisung, sondern) die philosophische Legitimation erteilt: „Wenn nun die Philosophie der Sittlichkeit den Zusammenhang ihres Inhalts sowie die Bestimmtheit desselben als absolut verbunden mit dem Geiste und als seinen lebendigen Leib erkennen lehrt ..., so erkennt die Philosophie der Sittlichkeit zugleich, daß diese Lebendigkeit der Individualität überhaupt, welches auch ihre Gestalt sei, eine formale Lebendigkeit ist." (a.a.O., S. 410).

(5) Da das Erlebnis der sozialen Krise und — trotz der im Begriff des hypothetischen Naturrechts angewendeten Kenntnis sozialgeschichtlicher Stufenfolgen — das Bewußtsein für die geschichtliche Gebundenheit und Individualität der jeweiligen gesellschaftlichen Struktur noch fehlten, konnte sich die soziale Anschauung in unbekümmerter Allgemeinheit äußern und traf dafür in den Formeln, mit denen sich die mittelalterliche Naturrechts-Doktrin ihr gleichfalls universales Sozialbild verdeutlicht hatte, angemessene Darstellungsweisen an.

Pufendorf, dem das Naturrecht die grundlegende Theorie für die rechtliche Erfassung der „vita communis" verdankt, überging das Problem der geschichtlichen Bedingtheit in seinen historisch-politischen Arbeiten vollkommen. In ihnen als den Zeugnissen seines „zweiten Ruhms" hielt sich der selbst von einem Carpzov besungene clarus Hyperboreae conditor historiae entweder — wie in den Werken zur schwedischen und brandenburgischen Historie — streng an die äußere Staatengeschichte, die er als den Schauplatz der an den Höfen kristallisierten und miteinander rivalisierenden Machtansprüche verstand, oder er behandelte — wie in der „Einleitung zur Historie der vornehmsten Reiche und Staaten" (1682) — die Geschichte, insofern sie die sachlichen Beziehungspunkte dieser Machtansprüche in dem Interesse der Staaten sehen lehrte — als eine nützliche Wissenschaft, „welche sonderheit Leuten von Condition und so in Staatsgeschäften gebraucht werden, wohl anstehet," d. h. als Lehrstoff für die praktische Staatskunst. Bezeichnenderweise fand sich erst in der Revolutionszeit ein Kritiker — Spittler in Göttingen —, der, weil ihm selbst die Entstehung des dritten Standes zum Problem geworden war, Pufendorf vorwerfen konnte, er habe sich zu wenig um „innere Reichs-Sachen" gekümmert[7].

Ein Hindernis für das, was die rechtsgeschichtliche Situation gebot — nämlich die Ableitung und Vergewisserung desRechts aus der natürlichen Ordnung der Dinge —, ergab sich daraus nicht[8]. Im Gegenteil,

---

[7] Vgl. zu dem Vorigen *Treitschke*, „Samuel Pufendorf", im 4. Band der Historischen und Politischen Aufsätze, S. 271 ff. und 292, ferner *Meinecke*, „Die Idee der Staatsräson in der neueren Geschichte" 3. Aufl., 2. Buch, S. 279 ff., *Fr. Gundolf*, „Anfänge deutscher Geschichtsschreibung, Amsterdam, 1938; *Erik Wolf*, S. 327 ff.

[8] Was hier im besonderen Blick auf die durch die Rezeption entstandene Lage ausgeführt wird, deckt sich völlig mit dem Urteil *Erik Wolfs* (vgl.

VI. Das Naturrecht als Korrektur einer Fehlkonstellation

die Jurifizierung der alten Doktrin, die in der spanischen Spätscholastik schon einen sehr beträchtlichen Grad erreichte[9], konnte sich zunächst ohne jeden Bruch mit der Tradition in einer allmählichen stofflichen Verbreiterung und rechtlichen Verdichtung der überkommenen Fragestellung vollziehen — dargestalt, daß die damit anhebende neue Entwicklungsphase des Naturrechts in der zeitgenössischen Reaktion zunächst gar nicht als solche wahrgenommen wurde. Auch Grotius, bei dem die juristische Aufladung — nicht etwa zufolge einer bewußten Neuorientierung, sondern unter dem Zwang der völkerrechtlichen Fragestellung und der von ihm für ihre Lösung verwendeten Methode[10] — besondere Ausmaße annahm, löste in der zeitgenössischen Reaktion

insbesondere S. 239 f. in bezug auf *Grotius* und S. 322 ff. in bezug auf *Pufendorf*). War etwa das Recht für *Grotius* nicht nur „einer der uns gegebenen Weltgegenstände" (wie das rezipierte Recht), sondern „eine Chiffre für das Leben überhaupt", empfand er „das Recht als Realität" und die Lehre vom Recht „als Grundwissenschaft des sozialen Lebens", erschien schließlich *Pufendorf* im Zuge einer zunehmenden Verdichtung und Annäherung des Naturrechts an die konkrete soziale Konstellation „die politische Gemeinschaft in ihrer zeitlichen und allgemein menschlichen Gesetzlichkeit" als „die eigentliche Trägerin des Naturrechts", war also das Recht geradezu *die* Kategorie sozialwissenschaftlicher Anschauung und Erfahrung, so verstand es sich von selbst, daß ein so elementares Rechtsbewußtsein sich mit der gläubigen Hinnahme einer „ratio scripta" nicht mehr begnügen konnte.

[9] Dies gilt insbesondere von *Lodovicus Molina*, „De justitia et jure", 1613. Angesichts der Tatsache, daß sich — nachdem die Ansicht über *Grotius* als Vater der Aufklärung schon lange aufgegeben ist — um so entschiedener die (schon im Hinblick auf den Gegenstand viel unwahrscheinlichere) Auffassung behauptet, daß die Privatrechtslehre des Naturrechts jäh und unvermittelt — so wie Pallas Athene dem Haupt des Zeus entsprang — mit einem Male durch *Grotius* dagewesen sei (vgl. dazu *Landsberg*, 3. Abt., 1. Halbbd. S. 510; *Sauter*, Die philosophischen Grundlagen des Naturrechts, 1932, S. 97), behalte ich mir für die oben aufgestellte These den Quellennachweis, der in dem früher überprüften Fall der Promissio-Lehre bis ins juristische Detail von den Spaniern über *Grotius* bis zu den Neueren eine kontinuierliche Entwicklung, keinesfalls aber einen plötzlichen Umbruch in die juristische Betrachtungsweise ergab, ausdrücklich vor. Die umfangreichere Stoffmasse in der Privatrechtstheorie von Grotius beruht darauf, daß er für sein umfassendes völkerrechtliches Thema anders als z. B. *Ayala* durchweg von naturrechtlich gesicherten Privatrechtssätzen ausgeht und aus der Konsequenz dieses Schlußverfahrens heraus zu sehr großer Vollständigkeit gezwungen ist. Eine spezifisch systematische Nötigung zu einer privatrechtlichen Gesamtschau lag erst bei *Pufendorf* vor; vgl. dazu *Mascovius* in der Vorrede zu der von ihm besorgten Auflage von *Pufendorfs* „De Jure Naturae et Gentium", 1744; „Sed quum belligerantium potissimum officiis ordinandis scriptum sit opus immortale de Jure Belli ac Pacis, non explet id speciem perfecti Systematis." — Übrigens verstärkt die Ableitung völkerrechtlicher Normen aus jure naturae verbürgten Privatrechtssätzen bei *Grotius* neben dem dem modernen Leser willkürlich erscheinenden Hantieren mit klassischen Zitaten den Eindruck humanistisch-antiquarischer Gelehrsamkeit. Demgegenüber spricht ein Werk wie *Balthasar Ayalas* „De jure et officiis bellicis et disciplina militari, libri III" (Douai, 1582), das heutige Verständnis durch seine funktionelle, unmittelbar auf die Sachfrage bezogene und das viel seltenere klassische Zitat mit hervorragendem Takt als Problemmodell einsetzende Denkweise viel unmittelbarer an.

[10] Vgl. dazu die vorige Anmerkung.

— wie heftig umstritten seine völkerrechtliche Leistung auch sein mochte[11] — jedenfalls insofern keinen Widerspruch und nicht einmal Überraschung aus, als er das Naturrecht in seiner vollen juristischen Konsequenz behandelte[12]. Der Ruhm, der seinen Namen dem Gedächtnis der folgenden Generationen aufbewahrte und ihm die Rolle eines Schöpfers der neueren Naturrechtslehre zuwies, knüpft weder im Hinblick auf die sozial- und moralphilosophische, noch auf die rechtsgeschichtliche Stellung völlig zutreffend an seine Leistung an[13].

Daß er im Urteil der Nachwelt auch bezüglich des Einflusses auf die Entstehung des neueren Naturrechts so markant aus dem Fluß der Entwicklung emporgehoben ist, ist — unbeschadet seiner großen Leistung — dem Umstand zuzuschreiben, daß Pufendorf, der zuerst und aber auch gleich am großartigsten die dem Naturrecht nach der Rezeption zugefallene Aufgabe prinzipiell und als solche anfaßte, und in seiner Nachfolge alle Späteren dem Vorgänger in einer durch die Legende aufbewahrten Apotheose die Ehre des Entdeckers gaben[14]. So wie die Legende oft große Entwicklungen, die sie beständiger Erinnerung anvertrauen will, dadurch dramatisiert, daß sie sie aus der stillen Folge der Generationen heraushebt und zur Leistung eines deutlich profilierten Mannes macht, so geschah es auch hier — und zwar insofern durchaus treffend, als bei Grotius die Verlagerung (und nicht etwa Verdrängung) des Schwerpunktes von der moralphilsophischen zur juristischen Zielsetzung bereits voll sichtbar war.

VII. Das spezifische Merkmal des neueren Naturrechts

(1) Die Wendung ins Juristische war *das* entscheidende Merkmal der Entwicklung, der das Naturrecht im 17. Jahrhundert unterworfen war. Daß diese handgreiflich wahrnehmbare Tatsache im gängigen Urteil neben den Wandlungen im ontologischen Apriorismus kaum beachtet wird, erklärt sich letztlich daraus, daß die Jurisprudenz seit

---

[11] Hierüber näheres bei *E. Wolf*, S. 262.

[12] Auch er selbst beanstandet in den Prolegomena (1) bezüglich der von ihm behandelten Fragen nur: „*Universim ac certo ordine* tractavit hactenus nemo." (Hervorhebung v. Verf.).

[13] Vgl. dazu *E. Wolf*, S. 233 - 240, 262 - 264, 273 ff., der gleichfalls die Fama korrigiert, ohne daß dadurch *Grotius* an geschichtlichem Rang einbüßt.

[14] Vgl. *Pufendorf*, De Jure Naturae et Gentium, Vorrede an den Leser (S. XXVII der Ausgabe von 1744): „Equidem palmam hactenus tulisse iudicatus fuit non praeter meritum *Hugo Grotius,* qui et primus seculum ad istam disciplinam aestimandam evocasse videtur, et ita in eadem est versatus, ut circa magnam ipsius partem caeteris nil nisi spicilegii laborem reliquerit. Quantumcunque tamen eius viri fama nobis cordi sit ..."; ähnlich *ders.* in Klementorum Jurisprudentiae Universalis Libri II, 2. Aufl., Praef. S. 9.

der historischen Schule mangels eines adäquaten Verhältnisses zum Naturrecht die Tragweite dieser Wendung dem allgemeinen Bewußtsein nicht mitteilen konnte. Auch die Tatsache, daß sie in der erbitterten Auseinandersetzung, in der *Pufendorf* — vornehmlich gegen die orthodoxe Gelehrtenrepublik seiner kursächsischen Heimat — der neuen Zielsetzung zum Siege verhalf, außer Betracht blieb, beweist nicht das Mindeste gegen ihre Bedeutung. Dem Umstand, daß die spezifische Tendenz und der objektive Ertrag geistiger Prozesse für die Argumentation der unmittelbar Beteiligten nicht verfügbar waren, begegnet die geisteswissenschaftliche Forschung so oft, daß er geradezu als ihr typisches methodisches Problem bezeichnet werden darf.

Eine rückschauende Stellungnahme, die sich mit dem ihr aus dem Für und Wider der damaligen Debatte erschließenden Material begnügt und es in gleicher Ebene kommentiert, urteilt nicht in historischer Sicht, sondern verwaltet — wie die aristotelisch-thomistische Wissenschaft, die in großartiger Radikalität über allem Gestaltwandel die ontologische Transzendenz ihrer Dogmen behauptet — ein aus der Geschichte herausgehobenes Amt, vor dem alle Zeiten gleich sind und sich in gleicher Weise zu verantworten haben[1]. Wer die Idee in ihrer geschichtlichen Bedingung, Erscheinung und Konsequenz nimmt, kann nicht übersehen, daß in allen Wirbeln, die die Entflechtung des Naturrechts aus der aristotelischen Tradition erzeugte, das Bewußtsein einer metaphysischen Herkunft und Legitimation selbstverständlich und unangetastet blieb, und daß insoweit der große Bruch erst im Verfolg der Kritik des deutschen Idealismus zum praktischen Ereignis wurde[2].

Wenn man — wie es allgemein und zutreffend geschieht, dem neueren Naturrecht[3] — seinen Beginn eher zu spät, auf keinen Fall zu früh ansetzend — Grotius mit zurechnet, gibt man damit bereits den Beweis dafür, daß die Jurifizierung, die bei ihm schon in ganzer Breite durchgeführt ist, für die Kennzeichnung der letzten großen Phase der Geschichte des Naturrechts den Ausschlag gibt. Käme es auf die philosophischen Positionen an, so würde es schwer fallen, eine charakteristisch von der älteren Lehre abgehobene Grundlage zu finden, in der das

---

[1] Dies muß man sich vergegenwärtigen, um die Möglichkeiten und Grenzen zu erkennen, auf die eine Auseinandersetzung mit den Ansichten von *Sauter* (die philosophischen Grundlagen des Naturrechts, 1932) stoßen muß.

[2] Insofern trifft das von *Saint-Simon* entdeckte und von *Comte* zur Grundlage der neuen Lehre erhobene 3-Stadiengesetz das Richtige, wenn es die Zeit bis zur Begründung der positiven (d. h. der den absoluten Wahrheitsbegriff überwindenden) Wissenschaftstheorie als „metaphysisches Zeitalter" charakterisierte.

[3] Trotz ihrer Farblosigkeit ist diese Bezeichnung der sonst üblichen: „Naturrecht der Aufklärung" entschieden vorzuziehen; vgl. dazu die Ausführungen über den Einfluß von Stilformen auf die Naturrechtsentwicklung, Abschn. VII, 2.

VII. Das spezifische Merkmal des neueren Naturrechts

Gemeinsame sich gegen so kräftige Gegensätze behauptete, wie sie am stärksten zwischen dem den alten Denkformen und -gehalten noch verbundenen Grotius und Pufendorf, den ihre Revision einen 17jährigen Kampf kostete, bestanden[4].

(2) Ebensowenig gelingt es, die Epoche des neueren Naturrechts einem geistesgeschichtlich prägnant umrissenen Zeitstil zuzuordnen. Es hat von einem irenischen und noch ganz aus der antiken Überlieferung schöpfenden Humanismus bei Grotius über die durch üppige Pracht des Ausdrucks wie (mehr noch) durch die Energie eines neuen Gestaltungswillens dem barocken Frührationalismus verpflichtete Konzeption Pufendorfs bis zu der erst mit Thomasius einsetzenden und auf praktische Weltverbesserung gerichteten Haltung der Aufklärung sehr verschiedene Stilformen durchlaufen[5]. Diese sind zwar in der Entwicklung des Naturrechts jeweils deutlich profiliert, bezeichnen aber gerade damit nur ein variables Element innerhalb des Gesamtablaufs, nicht aber sein konstantes Merkmal. Was im übrigen die Aufklärung anbelangt, so ist es nicht nur verfehlt, sie mit dem Naturrechtszeitalter en bloc gleichzusetzen, sondern auch nur ihren Einfluß auf den ihr zeitlich zurechenbaren Abschnitt der Naturrechtsepoche zu überschätzen.

Dies gilt nicht nur in zeitlicher, sondern auch in räumlicher Beziehung; so fehlten der Aufklärung in Frankreich die Voraussetzungen zur Ausbildung einer geschlossenen Naturrechtstradition im deutschen Stil. Der gleiche Geist, der hier die staatliche Konsolidierung förderte, äußerte sich dort in einer betont kritischen Version, die sich zuletzt zur revolutionären Antithese zuspitzte.

Der Erklärungswert, der im Begriff eines historischen Stils liegt, wird überschritten, wenn man den Begriff verabsolutiert und jede Erscheinung unbesehen nur noch als Produkt eines seine ganze Welt noch einmal zeugenden Zeitgeistes nimmt[6]. Die Gegenstände, an denen sich der Stil entfaltet, und die er damit an den geschichtlichen Individuationen beteiligt, sind nicht nur formbares Material, sondern haben auch — wie besonders das Recht — ihre eigene, durch verschiedene Stilvarianten hindurchgreifende Konsequenz. Auch gibt es geistesge-

---

[4] Die übermäßige Betonung und Hervorkehrung der philosophischen Gegensätze veranlaßt denn auch *Sauter* (S. 4, 114 ff.) die entscheidende Zäsur in der Entwicklung des Naturrechts nicht *Grotius,* sondern *Pufendorf* zuzuschreiben.

[5] Vgl. hierzu bei *E. Wolf* die Kapitel 8, 9, 10, 11 in „Große Rechtsdenker", ferner *denselben* in „Grotius, Pufendorf, Thomasius" (1927).

[6] Gegenüber der groben Vereinfachung und Zurechtbiegung, mit der auch eine individualisierende morphologische Betrachtungsweise den geschichtlichen Tatbestand verzerren kann, setzt sich neuerdings eine differenzierende Auffassung durch, die von den Gegenständen ausgeht und erst bei der Sichtung der Ergebnisse den Stilbegriff ansetzt; vgl. dazu *Weisbach*, Barock als Gestaltung antithetischen Lebensgefühls, 1921, *Huizinga,* Das Problem der Renaissance in „Wege der Kulturgeschichte", 1930, S. 89 ff.

schichtliche Anknüpfungen, an denen die Formkraft des Stils schon vor der durch den Gegenstand selbst gesetzten Grenze versagt. Genau dies war aber in der Aufklärungszeit der Fall, als Christian Wolff[7] im Rückgriff auf eine ältere scholastische Geisteshaltung deren *philosophischen* Begriffsrealismus ins *Juristische* übertrug und damit eine Richtung in die Entwicklung einführte, die sich in ihrer Indifferenz gegenüber den Realien des Rechts deutlich von der spezifisch aufklärerischen Tendenz abhob, deren praktischer Optimismus von den Reformpostulaten des Thomasius bis zu dem ausgeformten Sozialbild des preußischen Allgemeinen Landrechts immer unmittelbarer auf die aus der konkreten gesellschaftlichen Situation selbst erwachsenen Fragestellung ansprach.

(3) Es zeigt sich also, daß weder die philosophischen Grundlagen, noch die stilgeschichtlichen Elemente für die Begründung eines einheitlichen Begriffs des neueren Naturrechts verwertbar sind. Dieser rechtfertigt sich vielmehr nur durch die Tatsache, daß in allen Abwandlungen dieses neuen Denkens der Naturrechtsgedanke immer und in entschiedenem Gegensatz zu seinen früheren Erscheinungsformen in seiner vollen juristischen Konsequenz erfaßt, und daß auf ihm in strenger Rationalität ein rechtlich vollkommen durchorganisierter sozialer Kosmos errichtet wurde. In dieser seiner charakteristischen Eigenart ist das neuere Naturrecht die Reaktion einer schöpferischen Epoche auf die durch die Rezeption ausgelöste Zerspaltung, die das seiner normativen Vergewisserung zunächst beraubte soziale Gesamtbewußtsein von dem objektiven Recht getrennt hatte. Ohne den Bruch, den vornehmlich die Entwicklung in Deutschland durch die Übernahme des Fremdrechts erfuhr, wäre die Jurifizierung des Naturrechts nicht sinnvoll und deshalb als vorherrschendes Merkmal einer über 2 Jahrhunderte erstreckten geistigen Bewegung auch nicht möglich gewesen. Zwar unausgesprochen ist die sachliche Veranlassung und Nötigung, die — gleichsam aus einer Fehlkonstellation des objektiven Geistes — das Naturrecht in diese Richtung zwang, nur um so überzeugender aus der geschichtlichen Realität, die die Lehre in ihrer rechtlichen Durchdringung besaß, nachgewiesen.

VIII. Das rechtswissenschaftliche Grundproblem des Naturrechts

(1) Wenn es also die Aufgabe des Naturrechts war, die Idee des Rechts „im Reflex ihrer natürlichen Erscheinung" darzustellen, so ist damit zwar — entgegen der philosophischen Kritik, der sich die Jurisprudenz fügte, — auch und gerade seine juristische Leistung der Aufmerksam-

---

[7] Vgl. dazu *Franz Beyerle*, S. 14 ff., H. Thieme, Die Zeit des späten Naturrechts, S. 223 ff.

VIII. Das rechtswissenschaftliche Grundproblem des Naturrechts 39

keit des Historikers empfohlen. Läßt man es aber bei dieser Ansicht der Sache bewenden, so wird man zwar, um sie auszuwerten, der Hilfe des Juristen nicht entraten können, ihren vollen Ertrag holt jedoch die allgemeine geistesgeschichtliche Forschung ein, die aus den großen und typischen Erscheinungen einer Zeit das Gesetz ihres Wesens entnimmt.

Auch wird man, wenn man sich mit der Beurteilung des vorgefundenen Stoffes begnügt, einer letzten Vergewisserung darüber entbehren, ob er denn wirklich einen legitimen Ausdruckswert für die geschichtliche Situation, der er entstammt, hat. Es zeigt sich also, daß damit die Fragestellungen, die das Naturrecht aufgibt, noch nicht erschöpft sind. Der Kern des Problems steckt nicht *in* der Erscheinung des Naturrechts, sondern *hinter* ihr, und es ist nur — wenn schon eine solche verfängliche Formel gebraucht werden darf — darauf zu achten, daß diese nicht dazu verführt, die Konsequenz, die in der Sache selbst liegt, zu unterbrechen und aus dem empirischen Feld ins philosophische umzuwechseln.

Nur wenn und soweit eine große und reine Anschauung des Wirklichen am Werke war, gestand Hegel dem Naturrecht den Ruhm zu, in seiner, d. h. in juristischer Weise das wahrhaft Sittliche ausgedrückt zu haben. Wenn es richtig ist, daß das Sittliche nicht nur gilt, sondern auch existiert und in der auseinandergeworfenen Masse seiner Objektivation stumm dargestellt ist, kann es insoweit nur durch Anschauung dieser seiner empirischen Wirklichkeit erschlossen werden. Die Frage, ob und wie dies der Naturrechtslehre gelungen sei, gibt endlich eine Sicht auf das Naturrecht frei, die der Rechtswissenschaft als solcher gemäß ist und ihr allein zukommt, und bei der es sich nicht nur um die Erörterung von Einzellösungen oder den Nachweis dogmengeschichtlicher Einflüsse handelt.

In dieser Sicht erschließt sich das Naturrecht dem Juristen als Ganzes, genau so, wie es als Ganzes im Blickfeld der völlig andersartigen philosophischen Fragestellung liegt. Ob sich das Naturrecht erkühnen durfte, vor den Thron der Gerechtigkeit zu treten und von ihr die Vollmacht für eine universale Gesetzgebung zu fordern, unterliegt nicht dem Urteil der Rechtswissenschaft; wohl aber hat sie darüber zu befinden, ob das Naturrecht ein auf solche Vollmacht gegründetes Amt richtig verwaltet hat. Ihre Zuständigkeit für diese Frage ergibt sich daraus, daß sie in ihrer Beantwortung nach den gleichen Maßstäben zu verfahren hat, die ihren eigenen Wissenschaftscharakter bestimmen. Beruht dieser nämlich — im Gegensatz zur bloß technischen Verfahrensweise einer reinen Gesetzeslehre — darauf, daß ihre Erkenntnis unmittelbar auf das Recht als soziale Realität und damit auf die empirische Wirklichkeit desselben gerichtet ist, so erweist sich die Lage, in der sich das Naturrecht zu seinem Gegenstand befindet, als die schlechterdings ideale Konstellation rechtswissenschaftlichen Denkens, weil bei ihr die Krücke des Gesetzes fehlt, auf die die positive Rechtslehre ihre wissenschaftliche Verantwortung zwar nicht abladen muß, aber kann.

(2) Es darf jedoch nicht übersehen werden, daß auch Hegel den juristischen Zugang zum „empirischen" Naturrecht nicht bis zum Ende verfolgt hat. Denn mit der bloßen Anschauung der Wirklichkeit — wiewohl sie der Anfang jeder wissenschaftlichen Behandlung des Rechts ist — kann es allein nicht getan sein. Die Aufgabe der Rechtswissenschaft besteht nicht darin, die Wirklichkeit nur zu beschreiben, sondern sie rechtlich zu bestimmen. Ihr Grundproblem, mit dessen Lösung sie sich zu gleicher Weise als Ganzes konstituiert, wie es zusätzlich und in philosophischer Hinsicht das Naturrecht außerdem durch seine metaphysische Rechtfertigung tun mußte, besteht also darin, wie es möglich sei, aus der Anschauung der Wirklichkeit zur rechtlichen Bestimmung derselben zu gelangen. Wenn man das gleiche mit der vertrauteren Frage über das Verhältnis zwischen Sein und Sollen ausdrücken will, so ergibt sich ein erneuter Anlaß zu der Klarstellung, daß es sich dabei um die juristische und nicht die philosophische Seite des Problems handelt.

Die Normativität als solche ist zwar mit der sozialen und sittlichen Existenz des Menschen gegeben, sie findet aber in ihr keinen zureichenden Grund. Ihn zu suchen, ist nicht das Anliegen des Juristen, der vielmehr mit dem Recht auch dessen normativen Charakter a priori hinnimmt. Sicher ist die Lösung der Spannung zwischen Sein und Sollen auch und geradezu *das* Kriterium des juristischen Denkvorgangs, sie tritt jedoch hier in einer schlichteren Wendung auf, die den Bereich des Empirischen nicht verläßt. Die normative Soziallogik der Rechtswissenschaft ist bereits bestimmend für die Gesichtspunkte, nach denen sich die Anschauung der Wirklichkeit vollzieht. Aus der unendlichen Masse des Stoffes sondert sie die relativ konstanten Bestandteile heraus, die für den Funktionsmechanismus einer gesellschaftlichen Totalität unentbehrlich sind. Hat sie in solcher Weise ihr Material gesichtet und gruppiert, so sucht sie das Bild derjenigen vollkommeneren Wirklichkeit, die als Resultat einer idealen Koordinierung ihrer normativ erfaßbaren Bestandteile juristisch möglich ist. Im Falle der Naturrechtslehre löst sie diese Aufgabe rein und unmittelbar, im Falle einer wissenschaftlichen Gesetzeslehre in der Form, daß sie nachweist, ob und inwieweit die vom Gesetzgeber angestrebte Wirklichkeit das ideale Resultat des juristisch Möglichen ist, d. h. durch Rechtfertigung und Kritik der Norm aus dem sozialen Gesamtzusammenhang[1].

---

[1] Daß es sich bei den hier vertretenen Wissenschaftsbegriff auch bezüglich der Theorie des geltenden Rechts keinesfalls um eine Illusion handelt und

So steht also die Rechtswissenschaft zwischen zwei Wirklichkeiten, die sie nicht etwa beschreibt, sondern zufolge der normativen Struktur ihres Denkverfahrens umsetzt in die Feststellung von Problemfällen und ihre Lösung. Die Konsequenz ihrer Anschauung besteht nicht darin, daß sie soziale Entwicklungsgesetze formuliert oder die Summe ihrer Erfahrung mit einem Reformprogramm besiegelt, sondern darin, daß sie der Wirklichkeit ihre beste Chance bietet. Die nüchterne Strenge, zu der sie der juristische Denkstil, dem nur die *mögliche* Korrektur als schlüssig erscheint, zwingt, bewahrt sie vor den Verirrungen, denen die nicht von einem unerbittlichen Wirklichkeitssinn kontrollierten, sondern von utopischen Idealen beflügelten Leidenschaften ausgesetzt sind, wenn sie den Ort ihres Ursprungs verlassen und das Tor der Wirklichkeit passiert haben, hinter dem sie der ungeahnten Konsequenz des Empirischen verfallen[2].

IX. Kulturmorphologische Deutung des Naturrechts

(1) Rechtswissenschaft in dem hier verstandenen Sinn, die sich weder mit einem Knechtsverhältnis zur positiven Autorität abfindet, noch mit ihren Normen in ein ideales Nirgendwo zielt, sondern die zwischen einer angeschauten und einer nachweisbar möglichen Wirklichkeit steht, ist freilich bei aller Strenge und Disziplin, mit der sie ihres Amtes waltet, gleichwohl ihrem Ausdrucksgehalt nach Symbol eines Glaubens. Je nach dem Maße, in dem es sie gibt und in dem sie Resonanz findet,

---

daß die moderne Auffassung ihm näher steht als der von *Koschaker* vertretenen scholastischen Rechtsdogmatik (der demgemäß auch nicht der Ausbildungsstil wissenschaftlicher Lehre, sondern technischer Schulung gemäß sein soll, S. 337 ff.), zeigt nicht nur der Stand der wissenschaftlichen Methodenlehre, sondern auch ihre Einwirkung auf die Praxis. Vgl. z. B. die folgenden Sätze aus der bekannten Teilstreikentscheidung des Reichsgerichts Bd. 106, 272 (auf die aus ähnlichem Anlaß *de Boor*, Zur Reform des Zivilprozesses, Leipz. rechtsw. Studien. Heft 109, S. 14, hinweist): „Man darf aber, um zu einer befriedigenden Lösung des Streits zu gelangen, überhaupt nicht von den Vorschriften des Bürgerlichen Gesetzbuchs ausgehen, muß vielmehr die sozialen Verhältnisse ins Auge fassen, wie sie sich seitdem entwickelt und in der Gesetzgebung der neuesten Zeit auch ausdrücklich Anerkennung gefunden haben" ... „Das BGB steht ..., den Verhältnissen seiner Entstehungszeit entsprechend, auf einem individualistischen Standpunkt. Inzwischen hat aber der Gedanke der sozialen Arbeits- und Betriebsgemeinschaft Ausbreitung und Anerkennung gefunden, der das Verhältnis zwischen dem Arbeitgeber und den Arbeitnehmern, wenigstens bei größeren Betrieben der hier vorliegenden Art beherrscht."

[2] Im Maßstab dieser Auffassung kann *Rousseau* mit den deutschen Naturrechtlern nicht auf eine Linie gesetzt werden. Ein leidenschaftliches Gefühl für die freie Individualität des Menschen zwingt hier zur schroffsten Antithetik zwischen Natur und Geschichte. Diese kann mit den Mitteln einer juristischen Pflichtenlehre nicht überwunden werden, sondern drängt zur politisch-revolutionären Lösung; vgl. *Nürnberger*, Kants Rechtsphilosophie in ihrem Verhältnis zu Rousseau, Ztschr. f. d. ges. Staatsw., Bd. 104, S. 1 ff.

ist sie das konsequenteste Zeugnis für die Kraft und Entschiedenheit, mit der eine Zeit an soziale Selbstbestimmung durch Vernunft glaubt. Denn auch im Reich des Geistes gilt das Gesetz der Erde, und eine Wissenschaft findet ihren Bezirk nicht schon dann, wenn ihre Denkvorgänge abstrakt möglich sind, sondern erst, wenn sie im Zuge der geschichtlichen Nötigung liegen. Aus dieser Sicht erweist sich die Gelegenheit, die sich der Jurifizierung des Naturrechts durch die Rezeption bot, nur als eine äußere Bedingung. Ihr innerer Anlaß und der Ursprung, für den sie ein vollkommenes Symbol geworden ist, liegt in der entschiedensten Rationalität, die das Abendland auf seinem Weg durch die Geschichte erfahren hat. Die metaphysische Legitimation, deren die Vernunft nach Herkunft und Auftrag sicher war, ist nicht so wichtig durch die bekannten Formeln in den Prolegomena der Naturrechts-Werke bezeugt wie dadurch, daß nüchterner juristischer Sachverstand die vita communis jure naturae organisierte.

(2) Am auffälligsten bewahrheitet sich diese Ableitung aus dem Grund der Zeit, wenn man sie bei den großen Lösungsversuchen wiederholt, mit denen das neuere Naturrecht sein wie jeder Rechtswissenschaft elementares Problem, wie die Vernunft zu einer Aussage über richtiges Recht gelangen könne, zu bewältigen sucht. Es gibt deren drei[1]:

Grotius — nicht Inventor, sondern Conservator, im persönlichen Bekenntnis und Denkstil noch völlig dem humanistischen Lebensgefühl verhaftet — suchte den Stempel der Wahrheit im Rückblick und belegte jeden Gedanken mit der seinem das ganze Weltbild umgreifenden Gedächtnis mühelos und an jeder Stelle zugänglichen Gloriole einer antiken Überlieferung[2]. Pufendorf zierte zwar das Hauptwerk nach einer nur noch im gelehrten modischen Geschmack fortwirkenden Sitte mit unzähligen Zitaten, bedurfte ihrer jedoch — wie ihr Fehlen in den „Elementorum Jurisprudentiae Universalis Libri II" und in „De Officiis Hominis et Civis" zeigt — zur Begründung seiner Sätze nicht. Er entdeckte für die Jurisprudenz die in die ganze Breite der rechtlich bestimmbaren Wirklichkeit eingelagerte sphaera moralis, auf deren Funktionslogik er die Schlüssigkeit seiner Sätze stützte.

Christian Wolff — insofern zwar sicher kein Zeuge für die nüchtern-empirische Pragmatik der spezifisch-aufklärerischen Lehre, wohl aber

---

[1] Der Versuch von *Hobbes*, aus einem extrem sensualistischen Individualismus die gesellschaftliche Ordnung zu determinieren, ist zwar verfassungsgeschichtlich sehr bedeutsam gewesen; der von *Kant* gegen das ältere Naturrecht erhobene (und von *Hegel* wiederholte) Vorwurf philosophischer Ungereimtheit wirkt sich jedoch hier auch in einer fehlerhaften, „empirisch-juristischen" Konsequenz aus: Vom abstrakten Individuum führt kein Weg zu einer (die Sozialordnung als Ganzes umgreifenden) Pflichtenlehre.

[2] Vgl. hierzu insbesondere *Huizinga*, zwei Gedenkreden auf Hugo Grotius, in „Wege der Kulturgeschichte" (S. 298 ff.).

dafür, daß die Zeit vorbei war, in der die Vernunft mit der Vehemenz einer Glaubensforderung in jedem Bereich bis zur ersten ihr zugänglichen Frage zurückgetrieben wurde, — hatte den Begriff für die Aufgabe einer wissenschaftlichen Behandlung des Rechts verloren, wenn er die normative Reproduktion des Sozialbildes als einen Bereich autonomer rechtlicher Existenz nahm und das Problem der rechtlichen Ordnung aus einer immanenten Begriffslogik innerhalb des sich selbst genügenden Normenschemas löste. Bezüglich der Art, wie er den bei Pufendorf sehr konstruktiv (nämlich um die Wirklichkeit für ihre normative Erfassung zu erschließen) gehandhabten mos geometricus wie einen Motor verwendete, der mit dem Treibstoff des Begriffes das ganze Recht produzieren kann, gilt genau das gleiche Verdikt, mit dem Hegel die Verkehrung und Taschenspielerei brandmarkte, die darin bestand, daß Kant die „moralische Anthropologie" durch unmittelbare Subsumtion unter den formalen Begriff glaubte rechtlich bestimmen zu können.

(3) Die 3 Lösungsversuche des Naturrechts — Bindung an die bewährte Autorität, Entscheidung aus der Natur der Sache, die aber nicht aus dieser allein, sondern erst aus ihrer Einordnung in den sozialen Gesamtzusammenhang erschließbar ist, und begriffsrealistische Deduktion — bieten gleichzeitig eine idealtypische Gruppierung der methodischen Grundhaltungen, die die Rechtslehre später bei der Gesetzesauslegung und -anwendung befolgt. Was aber bei dieser nur eine Frage der Methode ist, wird im Falle des Naturrechts in einer viel tieferen Dimension erfaßt, indem es auch und vor allem in juristischer Sicht die hier unabweisbare Grundentscheidung über das Verhältnis von Recht und Wirklichkeit bezeugt, und indem es — zufolge der strengen Rationalität, die mangels einer positiven Gesetzesstütze den Bau des Naturrechts auch in seiner ganzen Ausführung beherrschen muß — zur vollen juristischen Konsequenz dieser Entscheidung zwingt.

Die Bedenklichkeit von Konsequenzen liegt im Bereich des Meinens. Die exakte Präzision eines Urteils über Wahr oder Falsch ist erst möglich, wenn man das der Konsequenz selbst zugrundeliegende Prinzip, ihre hier im Verhältnis zwischen Recht und Wirklichkeit begründete causa efficiens in Frage stellt. Hat man diese erkannt und als das juristische Grundproblem in der reichen Thematik des Naturrechts erfaßt, so zeigt sich, daß sich die Rechtswissenschaft durch den Zugang, den sie so gut wie die Philosophie zum Naturrecht hat, nicht nur ein rechtsgeschichtlich bedeutsames Material erschließt, sondern auch für ihre praktische methodische Aufgabe den Prüfstein ihrer Meisterung gefunden hat.

Der einzige naturrechtliche Lösungsversuch, der das wissenschaftliche Grundproblem der Jurisprudenz prinzipiell richtig gesehen hat —

Pufendorfs Lehre von den entia moralia — entstammt bezeichnenderweise der Zeit des Frührationalismus, also derjenigen Phase in der Entwicklung des neueren Naturrechts, in der ein metaphysisch noch vollkommen gesicherter Vernunftglaube mit konstruktiver Energie allenthalben tätig war, um aus vom Grund her verbürgter Einsicht ein harmonisches Weltbild zu errichten. Als Zeugnis eines gemeinsamen Ursprungs steht er — mit dem durch die geringeren Ausmaße des Themas und den schlichteren Rang des Urhebers gebotenen Abstand — in der kühnen Wölbung des Geistes, an deren Bau Descartes, Spinoza und Leibniz mitwirkten. Ebenso bemerkenswert für die Gewalt des Zeitgeistes ist freilich auch die Resonanz, die sie später gefunden und vor allem nicht gefunden hat. Der Philosoph, der dem Wirrkopf Weigel den Ruhm eines spekulativen Denkers zugesteht[3], glaubt Pufendorfs Lehre in einer Nußschale unterbringen zu können[4]. Der Jurist vertraut dem Urteil des Philosophen[5] und übersieht, daß es sich um eine seiner eigenen Kompetenz unterliegende Sache, nämlich das Problem, an dessen Lösung sich die Jurisprudenz als *empirische Wissenschaft* konstituiert, handelt. Für den Rangverlust, den die Rechtslehre durch die Zerstörung der Naturrechtslehre erlitten hat, ist nichts bezeichnender als die Tatsache, daß sie nicht einmal eine eigene und spezifische Zuständigkeit zum Naturrecht sah, und daß es des Umwegs über die Geschichte seiner Auflösung bedarf, ehe es wieder in ihre Sicht gebracht werden kann.

---

[3] So urteilt *Sauter*, S. 131, während ihn *E. Wolf*, S. 313 f. unbeschadet seiner gedanklichen Orginalität ähnlich charakterisiert, wie es hier geschieht.

[4] So z. B. mit ähnlicher Heftigkeit wie die zeitgenössischen Gegner Pufendorfs *Sauter*, S. 5 u. 131 ff.

[5] Eine Ausnahme macht nur *E. Wolf*, S. 313 ff., der in kritischer Auseinandersetzung mit der von *Welzel* („Die kulturphilosophischen Grundlagen der Naturrechtslehre Samuel Pufendorfs und ihre kulturhistorische Bedeutung" in Dt. Vierteljahresschr. f. Literaturwiss. u. Geistesgesch., Jahrg. IX. S. 585 ff.) vertretenen Ansicht, daß es sich bei *Pufendorfs* Theorie von den entia moralia um eine kulturphilosophische Grundlegung des Naturrechts handle, zu dem Ergebnis kommt, die entscheidende Leistung *Pufendorfs* bestehe darin, daß er den seit alters bekannten Gedanken einer selbständigen sittlichgeschichtlichen Welt neben der Natur zur juristischen Darstellung einer neuen Gemeinschaftsordnung ausgewertet habe.

Schrifttumsverzeichnis*

Ayala, Balthasar: De Jure et Officiis Bellicis et Disciplina Militari, Libri III; Duaci, 1582.

Bergbohm, Karl: Jurisprudenz und Rechtsphilosophie, Leipzig, 1892.

Beyerle, Franz: Der andere Zugang zum Naturrecht, in: Deutsche Rechtswissenschaft, 4. Bd., S. 3 ff.

Binder, Julius: Rechtsbegriff und Rechtsgeschichte, in: Festschrift Ernst Meyer, 1932, S. 1 ff.

Boehmer, Gustav: Das Naturrecht und die europäische Privatrechtsgeschichte, in: Ztschr. f. d. ges. Handels- und Konkursrecht, Bd. 112, S. 73 ff.

de Boor, Hans-Otto: Gerichtsschutz und Rechtssystem, Leipziger rechtswissenschaftl. Studien, Heft 126.

— Zur Reform des Zivilprozesses, Leipziger rechtswissenschaftl. Studien, Heft 109.

Comte, Auguste: Cours de philosophie positive, 3ème éd., Madrid - New York - Leipzig, 1869.

— Système de politique positive ou traité de sociologie instituant la religion de l'humanité, 4 t., Paris, 1851 - 1854.

— Die Soziologie — die positive Philosophie im Auszug, hrsg. v. Fr. Blaschke, Leipz. 1933.

Dilthey, Wilhelm: Gesammelte Schriften, 1. Aufl. Leipzig und Berlin.

Fichte, Johann Gottlieb: Grundlage des Naturrechts nach Principien der Wissenschaftslehre, Jena und Leipzig, 1796.

— Der geschlossene Handelsstaat, neu hrsg. v. Fritz Medicus, 2. Aufl. 1922, Leipzig.

Fischer, Kuno: Immanuel Kant und seine Lehre 6. Aufl. Heidelberg, 1928.

Fontenelle, Bernard de: Nouveaux dialogues des Morts, unter dem Titel: „Gespräche im Elysium" übertragen und hrsg. v. W. Langer, Leipzig, 1947.

Freyer, Hans: Soziologie als Wirklichkeitswissenschaft, Leipzig und Berlin, 1930.

— Machiavell, Berlin, 1936.

Fries, Jakob Friedrich: Philosophische Rechtslehre und Kritik aller positiven Gesetzgebung mit Beleuchtung der gewöhnlichen Fehler in der Ableitung des Naturrechts, Jena, 1803.

---

* Dieses Schrifttumsverzeichnis kann und soll den vorläufigen Charakter der vorliegenden Arbeit nicht verleugnen. Obwohl — insbesondere auch hinsichtlich der Naturrechtsliteratur — erheblich mehr Schrifttum verarbeitet worden ist, beschränken sich die folgenden Angaben auf die Werke, die im Text ausdrücklich zitiert sind.

Gierke, Otto: Naturrecht und deutsches Recht, Frankfurt a. M. 1883.

— Johannes Althusius und die Entwicklung der naturrechtlichen Staatstheorien, 4. Ausg., Breslau, 1929.

Grotius, Hugo De Jure Belli ac Pacis Libri III: curavit de Kanter — van Hettinga Tromp, Lugduni Batavorum, 1939.

Gundolf, Friedrich: Anfänge deutscher Geschichtsschreibung, Amsterdam, 1938.

Hazard, Paul: Die Krise des europäischen Geistes (la Crise de la Conscience Européenne), übertr. v. H. Wegener, Hamburg, 1939.

Hegel, Georg Friedrich Wilhelm: Sämtliche Werke, hrsg. v. Georg Lasson 2. Aufl., Leipzig.

Hobbes, Thomas: Naturrecht und allgemeines Staatsrecht in den Anfangsgründen, mit Einführung v. F. Tönnies, 13. Bd. der Reihe: „Klassiker der Politik", Berlin, 1926.

— Über den Bürger, übertragen und hrsg. v. J. H. v. Kirchmann, Leipzig, 1873.

Holstein / Larenz, Staatsphilosophie, München - Berlin, 1933.

Huizinga, Johan: Wege der Kulturgeschichte, München, 1930.

Jentzsch, Hans: Die Entwicklung von den Einzeltatbeständen des Deliktsrechts zur Generalnorm, Leipziger rechtswissenschaftl. Studien, Heft 117.

Kant, Immanuel, Metaphysik der Sitten, hrsg. v. K. Vorländer, 4. Aufl. Leipzig.

— Grundlegung zur Metaphysik der Sitten, hrsg. v. K. Vorländer, 3. Aufl., Leipzig.

Koehler, Walther, Ernst Troeltsch, Tübingen, 1941.

Koschaker, Paul: Europa und das Römische Recht, München - Berlin, 1947.

Leibniz, Gottfried Wilhelm: Opera omnia, coll. L. Dutens, Genevae, 1768.

Luden, Heinrich: Hugo Grotius nach seinen Schicksalen und Schriften, Berlin, 1806.

Lundstedt, Anders Vilhelm: Die Unwissenschaftlichkeit der Rechtswissenschaft, Berlin, 1932.

Machiavelli, Niccolo: Der Fürst, und kleinere Schriften, mit Einf. v. Fr. Meinecke, 8. Bd. der Reihe: „Klassiker der Politik", Berlin.

Mannheim, Karl: Ideologie und Utopie, Bonn, 1930.

Marcuse, Alexander: Die Geschichtsphilosophie Auguste Comtes, Stuttgart, 1932.

Meinecke, Friedrich: Die Idee der Staatsräson, 3. Aufl., 1929.

Michaelis, Karl: Wandlungen des deutschen Rechtsdenkens seit dem Eindringen des fremden Rechts, Berlin, 1935.

Molina, Ludovicus: De Justitia et Jure, Col., 1614.

Morus, Thomas: Utopia, mit Einl. v. H. Oncken. 1. Bd. der Reihe: „Klassiker der Politik", Berlin.

Nürnberger, Richard: Kants Rechtsphilosophie in ihrem Verhältnis zu Rousseau, Ztschr. f. d. ges. Staatswiss. Bd. 104, S. 1 ff.

Pufendorf, Samuel: Elementorum Jurisprudentiae Universalis Libri II, 2. Aufl., Jena, 1669.
— De Jure Naturae et Gentium Libri VIII in der von Gottfr. Mascovius besorgten Ausgabe, Frankfurt und Leipzig, 1744.
— De Officiis Hominis et Civis Libri II in der 2. von S. Masson besorgten Ausgabe, Gießen 1731.
— Einleitung zu der Historie der vornehmsten Reiche und Staaten, so itziger Zeit sich in Europa befinden, 2 Teile, 1682 - 1685.

Rousseau, Jean-Jacques: Der Gesellschaftsvertrag oder Grundlagen des Staatsrechts, übertr. und eingeleitet v. F. Roepke, Berlin, 1928.

Saint-Simon, Claude Henri, Comte de: De la réorganisation de la société européenne, Paris, 1813.

Sauter, Johann: Die philosophischen Grundlagen des Naturrechts, Wien, 1932.

Savigny, Friedrich Karl v.: Vom Beruf unserer Zeit für Gesetzgebung und Rechtswissenschaft, Heidelberg, 1814.

Stintzing / Landsberg: Geschichte der Deutschen Rechtswissenschaft, München - Leipzig, 1880 - 1898.

Thieme, Hans: Die Zeit des späten Naturrechts, in: Ztschr. der Savigny-Stiftung, Germ. Abt., 56. Bd., S. 202 ff.
— Die preußische Kodifikation, in: Ztschr. der Savigny-Stiftung, Germ. Abt., 57. Bd., S. 355 ff.
— Das Naturrecht und die europäische Privatrechtswissenschaft, Basel, 1947.

Thomasius, Christian: Institutiones Jurisprudentiae divinae in Positiones succincte contractae, Libri III, Francof., 1688.
— Fundamenta Juris Naturae et Gentium ex sensu communi deducta, 2. Aufl., Halae, 1708.
— Paulo plenior Historia Juris Naturae, Halae, 1719.
— Versuch vom Wesen des Geistes oder Grundlehren sowohl zur natürlichen Wissenschaft als der Sittenlehre, Halle, 1699.

Tönnies, Ferdinand: Hobbes Leben und Lehre, 3. Aufl., Stuttgart.

Treitschke, Heinrich v.: Historische und politische Aufsätze, 4. Bd., Leipzig, 1897.
— Die Gesellschaftswissenschaft, Leipzig, 1859.

Troeltsch, Ernst: Die Soziallehren der christlichen Kirchen, 1912.

Vorländer, Karl: Geschichte der Philosophie, 1. Bd.: Altertum und Mittelalter, 8. Aufl., bes. v. E. Hoffmann, Leipzig, 1939.

Weigel, Erhard: Arithmetische Beschreibung der Moral-Weisheit von Personen und Sachen worauf das gemeine Wesen bestehet, nach der Pythagoräischen Creutzzahl in lauter tetractysche Glieder eingetheilet, Jena, 1674.

Weisbach, Werner: Barock als Stilphänomen, in: Dtsch. Vierteljahresschr. f. Lit. u. Geisteswiss., 2. Jahrg., II. Bd., S. 225 ff.
— Barock als Gestaltung antithetischen Lebensgefühls, 1921.

Welzel, Hans: Die Naturrechtslehre Samuel Pufendorfs, Jenaer Diss., 1930.

— Die kulturphilosophischen Grundlagen der Naturrechtslehre Samuel Pufendorfs und ihre kulturhistorische Bedeutung, in: Dtsch. Vierteljahresschr. f. Lit. u. Geisteswiss., Jahrg. IX, S. 585 ff.

Wieacker, Franz: Vom römischen Juristen, in: Ztschr. f. d. ges. Staatswiss., Bd. 99, S. 440 ff., und in dem Sammelband: Vom Römischen Recht, S. 7 ff.

— *Ratio scripta*. Das Römische Recht und die abendländische Rechtswissenschaft, in: Vom Römischen Recht, S. 195 ff.

— Einflüsse des Humanismus auf die Rezeption, in: Zeitsch. f. d. ges. Staatsw., Bd. 100, S. 423 ff.

Windelband, Wilhelm: Geschichte der Philosophie, hrsg. v. Heinz Heimsoeth, 14. Aufl., Tübingen, 1948.

Windscheid, Bernhard: Gesammelte Reden und Abhandlungen, hrsg. v. Paul Oertmann, 1904.

Wolf, Erik: Große Rechtsdenker der deutschen Geistesgeschichte, 2. Aufl., Tübingen, 1944.

— Grotius, Pufendorf, Thomasius. Drei Kapitel zur Gestaltgeschichte der Rechtswissenschaft, Tübingen, 1927.

Wolff, Christian Frh. v.: Jus Naturae, methodo scientifica pertractatum, partes octo, Francof. - Lipsia/Halae - Magdenburgica, 1740 - 1748.

— Grundsätze des Natur- und Völkerrechts, Halle, 1754.

— Vernünfftige Gedanken von dem gesellschaftlichen Leben der Menschen und insonderheit dem gemeinen Wesen, Franckfurt u. Leipzig 1736.

Nachtrag zum Schrifttumsverzeichnis

In diesem Literaturverzeichnis sind lediglich vereinzelte Hinweise auf die Literatur enthalten, die zur Vertiefung einiger im Text angeschnittener Themenkreise dienen kann, und die nach Abgabe dieser Arbeit als Habilitation im Jahre 1949 erschienen ist.

Als umfassende Darstellungen der Epoche des Naturrechts seien aber vorweg vier Schriften aufgeführt, in denen jeweils auch reiche Literaturangaben enthalten sind.

Thieme, Hans: Das Naturrecht und die europäische Privatrechtsgeschichte, 2. Aufl., 1954.

Welzel, Hans: Naturrecht und materiale Gerechtigkeit, 4. Aufl., 1962.

Wieacker, Franz: Privatrechtsgeschichte der Neuzeit, 2. Aufl., 1967, S. 249 ff.

Verdross, Alfred: Abendländische Rechtsphilosophie, 2. Aufl., 1963, S. 100 ff., insbes. S. 128 ff.

zu S. 12
  Ryffel, Hans: Rechts- und Staatsphilosophie (1969), S. 26 ff.

zu S. 13 (FN 5)
  Schreiber, Hans-Ludwig: Der Begriff der Rechtspflicht (1966).

zu S. 14 ff.
  Riedel, Manfred: Studien zu Hegels Rechtsphilosophie (1970), S. 42 ff.

zu S. 16 f.
  Wieacker, Franz: in FG Michaelis (1972): Die Ausbildung einer allgemeinen Theorie des positiven Rechts in Deutschland im 19. Jhdt., S. 354 (insbes. Angaben in FN 2).

zu S. 19
  Jonas, Friedrich: Geschichte der Soziologie (1970), 2. Aufl., Bd. II, S. 95 ff.
  Ryffel, Hans: Rechtssoziologie (1974), S. 19 ff.

zu S. 20 (Hegels Sprache)
  Leisegang, Hans: Denkformen (1951), 2. Aufl., S. 142 ff., insbes. S. 148 f.

zu S. 23 (FN 12)

Habermas, Jürgen: Zur Logik der Sozialwissenschaften (1967), Phil. Rundschau, Beiheft 5, S. 19 ff.

Medick, Hans: Naturzustand und Naturgeschichte der bürgerlichen Gesellschaft (1973).

zu S. 25 (FN 3)

Fechner, Erich: Die Bedeutung der Gesellschaftswissenschaft für die Grundfrage des Rechts, in: Naturrecht oder Rechtspositivismus (ed. Maihofer) (1966), S. 257 ff.

zu S. 29 (1)

Rosenbaum, Wolf: Naturrecht und positives Recht (1972).

zu S. 31

Troje, Hans Erich: Wissenschaftlichkeit und System in der Jurisprudenz des 16. Jhdts., in: Philosophie und Rechtswissenschaft (1969), (ed. Blühdorn / Ritter), S. 63 ff.

zu S. 31 (FN 5)

Schiedermair, Hartmut: Das Phänomen der Macht und die Idee des Rechts bei G. W. Leibniz (1970).

zu S. 33 (FN 7)

Denzer, Horst: Moralphilosophie und Naturrecht bei Samuel Pufendorf (1972), S. 250 ff.

zu S. 34

Feenstra, Robert: L'influence de la scolstique espagnole sur Grotius en droit privé, in: La seconda scolastica nella formazione del diritto privato moderno (ed. P. Grossi) (1973), S. 377 ff.

zu S. 35 f.

Wieacker, Franz: Contractus und Obligatio im Naturrecht zwischen Spätscholastik und Aufklärung, in: La seconda scolastica nella formazione del diritto privato moderno (ed. P. Grossi) (1973), S. 223 ff., insbes. bei FN 10.

zu S. 35 ff.

Benitez, Francisco Carpintero: Del derecho natural medieval al derecho natural moderno: Fernando Vázquez de Menchaca. Salamanca 1977, S. 52 ff., insbes. 82 f.

zu S. 40

Ryffel, Hans: Rechts- und Staatsphilosophie (1969), S. 46 ff.

zu S. 40 (bei FN 1)

    Larenz, Karl: Methodenlehre der Rechtswissenschaft (1975), 3. Aufl. (zu den spezifischen Fragen juristischer Wissenschaftlichkeit).

zu S. 42 f.

    Stupp, Herbert: Mos geometricus oder Prudentia als Denkform der Jurisprudenz (1970).

    Röd, Wolfgang: Geometrischer Geist und Naturrecht (1970), insbes. Kap. V.

Zu den neuesten, umfangreichen Literaturangaben der schier endlosen Zahl der Naturrechtsveröffentlichungen gehören die Verzeichnisse in:

Henkel, Heinrich: Rechtsphilosophie (1977), 2. Aufl., S. 502 ff.

Dufour, Alfred: Le Marige dans l'Ecole allemande du droit naturel moderne au XVIIIe siècle (1972).

Coing, Helmut: Handbuch der Quellen und Literatur der neueren europäischen Privatrechtsgeschichte, Bd. II/1, S. 1029 ff.

Christoph Paulus

Printed by Libri Plureos GmbH
in Hamburg, Germany